비노동사회를 사는 청년, NEET 니트

마이너리티
리포트★02

비노동사회를 사는 청년, NEET 니트

이충한 지음

서울연구원
The Seoul Institute

'일하지 않고 놀고먹는 니트족 청년들이 많아 걱정'이라는 기사를 종종 봅니다. '요즘 청년들은 사회성이 떨어져서 밥도 혼자 먹는다'라고 걱정하는 칼럼도 주기적으로 나옵니다. 그런데 알고 보니 해야 할 일을 하지 않고 철저히 고립된 채 '혼밥'을 즐기고 있던 건 국가의 최고 권력자들이었습니다. 도대체 누가 누구를 걱정하고 비난하는 걸까요. 주어진 책임의 양에 비례해서 말하자면, 기성세대가 훨씬 더 비생산적이고 외톨이인데 말입니다. 이쯤 되면 '국가가 니트', 혹은 '사회가 니트'라고 해도 되지 않을까요.

'니트NEET: Not in Education, Employment, or Training'는 일을 하지 않고 교육도 받지 않는다는 뜻입니다. 하지만 한 단계 더 들어가면 구직을 포기했다는 의미이고, 더 나아가서는 생산적 노동에 기여하지 않는다는 경멸의 의미가 담겨 있습니다. 청년들 사이에서도 '이런 니트 같은 XX'라는 말은 거의 최상급 혐오 발언에 해당합니다. 그런데 안타깝게도 재화를 생산하는 노동에 참여할 수 있는 사람의 수는 점점 줄어들고 있습니다. 서로 경멸할 처지가 아닌 것입니다. 머지않아 일하는 사람이 소수자가 되고 오히려 니트 상태가 평범하고 당연한 사회가 온다면, 이 단어는 어떤 의미를 갖게 될까요?

저는 최근 몇 년 동안 '유자살롱'이라는 사회적기업에서 일하면서 고립된 청소년과 청년을 도왔습니다. 그들은 10대에 학교를 자퇴한 후 2~3년간 사회활동에 참여하지 않은 경우가 대부분이었는데, 가족과 사회로부터 '무기력한 니트족'이라는 손가락질을 받으면서도 무엇이든 해보려 애를 쓰곤 했습니다. 겉으로는 일할 수 없는 천 가지 이유를 대어도, 속으로는 사회로 들어가 쓸모 있는 사람이 되고 싶어 하지요. 그러나 엄청나게 쪼그라든 자아에 비해 일터로 향하는 계단은 그들에게 너무 높아 보입니다. 고립과 무위無爲의 시간이 오랫동안 지속되며 얻은 상처와 후유증이 매우 크기 때문입니다. 그래서 이러한 고립 상태의 청년들을 돕는 것은 매우 시급하고 중요한 일입니다. 동시에 그것은 단지 '니트'라 일컬어지는 특정한 대상만을 위한 일이 아니기도 합니다. 정도의 차이만 있을 뿐, 개인들이 일터와 사회에서 멀어지는 '비노동화'는 시대의 큰 흐름이기 때문입니다. 원자화, 파편화, 신사유주의화 등 그 원인을 설명하는 개념이 많이 존재하지만, 저는 그 흐름을 '무중력화'라 일컫고 있습니다.

이런 맥락에서 이 책은 니트에 대한 책이지만 니트 상태에 놓인 개인보다는 그들의 일과 삶을 둘러싼 '사회의 중력장'에 초점을 맞추고 있습니다. 이미 10여 년 전부터 청년 니트의 수는 청년 실업 인구를 넘어섰습니다. 통계를 집계하는 기준에 따라 다르지만 청년 니트 인구는 대략 100만 명에서 160만 명 사이로 추정되며, 이는 15세~29세 청년의 9퍼센트에서 18퍼센트 정도를 차지합니다. 다시 말해 니트 상태는 이미 청년들의 삶과 바로 붙어 있습니다. 그저 사회가 직시하고 싶지 않을 뿐입니다.

더 나아가 니트의 개념을 조금만 넓혀 보면 그 본질은 '고용과 관계의 불안정성'이라 할 수 있습니다. 그런데 이는 일반 청년들이 처한 상황과 근본적으로 크게 다르지 않습니다. 따라서 이 책은 니트라는 렌즈를 통해 청년층 전반이 느끼는 곤란함과 이 사회의 이행 과정을 들여다보려 합니다. 청년뿐 아니라 우리 모두의 미래가 니트 상태로 귀결되지 않도록 말입니다. 물론 이 시도가 당장 성공하리라 생각하지는 않습니다. 니트나 청년, 노동이 처한 상황에 대해 답을 내리기에는 저도 이 사회도 한참 실력이 모자라기 때문입니다. 그래도 저는 부족한 대로 지금 이곳에서 시작하고 있습니다. 명확한 답이 아닌, 모호한 의심과 질문들을 가지고 말입니다

그중에서 가장 핵심적인 의심과 질문은, 이른바 평범한 청년들의 노동 환경과 생활 환경이 니트 상태의 청년들이 겪는 어

려움과 비슷한, 혹은 보다 더 심각한 곤란함에 봉착해 있지 않은가 하는 것입니다. 책 속에서 '노오력형 니트', '소진형 니트', '간헐적 니트'로 표현한 이 상황들은 이른바 '일반적인' 청년들도 빈번하게 경험하는 상태입니다. 각자의 위치에서 너무나도 열심히 노력하다가 마모되고 분쇄되고 소진되어 휴식과 노동을 반복하는 과정에서 말입니다. 이처럼 전방위적으로 기반이 무너져 내리고 있는 청년의 삶에 대해, 이 책은 니트라는 지점에서 접근하고 있지만 다른 연구자들은 계급이나 부채, 조직과 문화 등 다른 지점에서 접근 중일 것입니다. 특히 『잉여사회』, 『사표의 이유』, 『우리는 왜 공부할수록 가난해지는가』, 『일 못하는 사람 유니온』 등 우리 시대 청년의 처지와 시각에 대한 30대 젊은 연구자들의 저작들은 이 책을 쓰는 과정에서 많은 도움이 되었습니다. 그 노력들이 하루빨리 서로 연결되어 지금 청년들이 자리한 일과 삶에 대한 지도가 완성되기를 기대합니다.

여러모로 부족한 이 책에서 조금이라도 가치 있는 내용이 발견된다면, 그것은 여러 선생님들과 동료들의 덕분일 것입니다. 10여 년간 조한혜정 선생님과 엄기호 선생님의 연구와 실천을 때론 가까이서, 때로는 멀리서 지켜볼 수 있었던 것은 큰 행운이었습니다. 그리고 원고에 대해 김현미 선생님과 조문영 선생님께서 애정을 담아 세세하게 조언해 주신 덕에 저의 혼란스러운 문제의식을 조금이나마 더 정리하고 날카롭게 만들 수 있었습니다. 과분한 응원과 격려를 받으며 새삼 '선생님들의 선생님들'에 대해 생각하게 되었습니다. 선대로부터 무언가를 조건 없이 받아 본 경험이, 사람을 조금 더 성장하게 만드는 중요한 '조건'이라는 것을 다시 한 번 깨달을 수 있었습니다.

2015년에 '노오력의 배신' 연구팀 강정석, 양기민, 최은주와 토론하며 정리했던 생각들, 그리고 하자센터(서울시립청소년직업체험센터)에서 일하며 동료들과 나누었던 경험과 고민들도 많이 반영이 되었습니다. 책의 기획 단계부터 많은 조언을 주신 문경란 선생님과 이동연 선생님, 글을 정리하는 단계에서 좋은 제안을 해주신 천주희 선생님, 장혜령 작가에게도 감사 인사를 전합니다. 부록에 실린 토론회에 참여해 허심탄회하게 이야기를 나누어 준 동료 연구자 여정훈, 이영롱, 최태섭 선생님에게도 언젠가 신세 갚을 수 있는 날이 있으면 좋겠습니다. 글을 쓸 때마다 한 치의 모자람도 없는 음악으로 저를 세상과 동기화시켜 준 웨더 리포트Weather Report의 〈헤비 웨더Heavy Weather〉 앨범에도 감사를 빼놓을 수 없습니다.

이 책의 주인공은 2부의 인터뷰에서 마음속 깊은 이야기들을 꺼내 준 미카, 루나, 윤자, 로빈 그리고 글 곳곳에 스며 있는 유자살롱의 청소년들입니다. 그들의 삶 자체가 비슷한 어려움을 겪는 사람들에게 희망과 온기를 나눠 줄 수 있으리라 믿습니다. 그리고 유자살롱의 부족들과 함께했던 5년이라는 시간이 없었다면 이 책은 세상에 나올 수 없었을 것입니다.

완전하지 못한 원고를 제 손에서 떠나보내면서 많은 아쉬움이 남지만, 제가 가장 사랑하는 두 사람으로부터 받은 에너지가 없었다면 이 책의 반만큼도 해내지 못했을 것입니다. 집필 기간 동안 주기적으로 독박 육아를 하면서도 묵묵히 응원해 준 아내와, 늦은 저녁에 글을 쓰러 다시 출근하는 아빠를 늘 인자한 미소로 용서해 준 딸의 곁으로 돌아갈 수 있어서 기쁜 마음입니다.

이충한(아키)

◈ 차례

답을 찾지 못한 시대에게 질문하다

2015년 12월 말, 서울연구원에서 연락이 왔다.

"이충한 대표님. 서울연구원에서 요즘 청년 니트에 대해 굉장히 관심이 많은데, 혹시 비공개로 짧게 강의를 해주실 수 있을까요?"

엉겁결에 일단 수락은 했지만, 마음이 조금은 복잡해졌다. 문턱을 넘다가 갑자기 옷자락을 잡힌 심정이랄까. 그때가 바로 지난 5년 동안 일해 온 사회적기업 '유자살롱'의 폐업을 눈앞에 둔 시점이었기 때문이다. 국내에서 유일하다시피 했던 고립형 청(소)년 니트의 사회 복귀를 지원하는 프로젝트가 사라지자마자 서울시 정책연구기관에서 니트에 대해 설명해 달라는 연락이 오다니, 이건 너무 진부할 만큼 잘못된 타이밍 아닌가.

내가 니트에 대해 관심을 가진 것은 10여 년 전부터였다. 첫 취업 2년 만에 대책 없이 회사에서 뛰쳐나와 진학한 대학원에서 우연히 일본의 '니트-히키코모리'* 이야기를 들었을 때, 어렸을 때부터 사회에 적응하는 것이 힘들었던 나는 마치 잃어버린 부족을 찾은 것만 같았다. 그때부터 나는 꾸준히 한국의 청년들이 놓인 상황과 니트를 연결시켜 설명하려 했다. 하지만 처음 5년 동안은 문제 제기 자체가 받아들여지지 않았다. '한국은 일본과 다르다', '한국 청년들은 그만큼 무기력하지 않다'는 얘기를 많이 들었다. 그 다음 몇 년 동안은 모두들 '한국에도 그런 청년들이 있을 수는 있지만 소수일 것'이라 말했다.

어른들은 이들을 무기력하다고 했지만, 나는 이들이 어딘가에 안착하지 못하고 둥둥 떠다니는 이유가 사회의 중력이 약해졌기 때문이라는 생각으로 '무중력'이라는 개념을 만들어 냈다. 그런데 그 후 유자살롱을 운영한 5년간, 해가 갈수록 점점 더 많은 사람들이 니트가 소수만의 문제는 아니라는 사실에 수긍하기 시작했다. 여러 가지 이유로 아무 일도 하지 못하는 청년들이 주변에서도 종종 보이기 시작했기 때문이다.

정작 사람들이 무중력 상태에 놓인 사람들, 즉 '무중력 피플'

---

* 히키코모리는 일어로 '引き籠もり'라 쓰며, '틀어박히다'는 뜻의 일본어 '히키코모루'의 명사형이다. 사회생활에 적응하지 못하고 집 안에만 틀어박혀 사는 사람들을 일컫는 말로, 가끔 외출하는 경우를 제외하고 6개월 이상 집 밖에 나가지 않는 경우를 의미한다. 일본 사회에서 공식적으로는 70만 명 전후로 추정하고 있지만 실제로는 150만 명에서 300만 명에 이를 것이라는 추측도 있다.

의 존재에 대해 인정하고 이해하기 시작하자 이제는 내 시각이 넓어졌다. 멀쩡히 학교나 직장에 다니고 있으면서도, 유자살롱에 찾아온 친구들보다 더 마음 상태가 위험한 사람들이 눈에 띄었다. 그들은 너무나 평범했지만 동시에 어느 한구석이 너무나 훼손되어 있었다. 평범하기 때문에 도움을 요청할 여유도 기회도 명분도 없으니 그들의 상태는 점점 더 나빠져 갔다. 물론 본질적으로 생각해 보면 병에 걸린 건 그들이 아니라 그들이 몸담고 있는 일터와 사회였다. 기본 전제 자체가 잘못된, 답이 없는 상황들을 꾸역꾸역 버텨 내던 사람들이 어떤 이유에선가 빠르게 소진되는 것이 보였다. 결국 문제는 '무중력 피플'이 아니라 '무중력 시대'였던 것이다.

남의 일이 아니었다. 유자살롱도 기본 세팅이 잘못되어 있는데다 답이 없는 상태였다. 무중력 상태의 청소년들의 사회 복귀를 돕는 경로가 이 사회에 존재하지 않기 때문에 우리는 엄청나게 많은 시간과 자원과 노력을 투입할 수밖에 없었다. 그런데 무중력에 대한 사회적 이해도가 낮아 공적 지원을 받기 힘들었다. 그래서 유자살롱 스태프들은 스스로 중요하다고 생각하는 무중력 청소년 지원 사업을 성심껏 하면서도 경제적 재생산을 위해 다른 일을 무리하게 해야 하는 분열적 상황에 놓일 수밖에 없었다. 나를 포함한 스태프 모두가 조금은 무중력한 사람들이었기 때문에 그러한 분열과 스트레스를 견뎌 내기가 쉽지 않았다. 열심히 노력해 보았지만 결국 답을 찾지 못했고, 우리는 스스로 완전히 소진되기 전에 먼저 능동적으로 조직을 해체하기로 결정했다. 그때까지 만나 왔던 70여 명의 부족들이라도 지켜 가기 위해서 말이다.

서울연구원에서 강의를 하게 된 것은 바로 이 시점이었다. 마음이 복잡할 수밖에 없었다. 내심 '니트'라는 개념이 더 이상 유효하지 않다고 느끼기도 했고, 그동안 이 문제에 대해 무관심했던 사회 전체에 화가 나서 친절하게 설명하거나 설득하고 싶지 않기도 했다. 하지만 그래도 간다고는 했으니 꾸역꾸역 발표 자료를 준비하는 수밖에 없었다. 아마도 이번이 마지막이 아닐까, 하는 생각을 하며 회의실에 들어갔다.

마지막이라고 생각했기 때문에 눈치 볼 것이 없었다. 그래서 하고 싶었던 말을 다 했다. "니트는 수체가 아니라 상태다", "취업 상태에 있는 청년들도 만만치 않은 문제를 가지고 있다", "니트 개념은 싹 다 폐기해야 한다" 등의 다소 과격한 주장들을 속사포처럼 부어 댔다. 발표를 마치고 나니 모두 약간은 어리둥절해하는 표정이었다. 내 할 일은 다 했다 싶어 크게 신경 쓰이진 않았다. 그래서 김수현 전 원장님이 온화한 표정으로 "니트에 대해 제대로 정리된 연구가 없으니 오늘 강의 내용만이라도 정리해서 얇은 책을 한 권 쓰시면 어떨까요?"라고 말씀하셨을 때 조금 얼떨떨했지만 진지하게 받아들이지는 않았다.

그런데 얼마 지나지 않아 책 기획이 진짜로 진행 중이라는 소식을 듣게 되었다. '마이너리티 리포트'라는 제목의 기획 시리

즈로, 아직 다뤄지지 않은 소수자의 이야기를 편하고 자유로운 형식으로 풀어내면 된다 했다. 분량이 적어도 되고, 심지어 원고비도 있단다. 이건 정말이지 거부할 수 없는 제안이 아닌가. 다른 한편으로, 유자살롱의 니트 지원 프로젝트는 공공적인 활동이었으니 언젠가는 꼼꼼하게 기록으로 남겨야 한다는 생각도 들었다.

이것이 이 책을 쓰기로 결심하기까지의 이야기다. 마치 영겁회귀의 덫에 빠진 것처럼 '니트'라는 단어로 돌아왔다. 짧게는 5년, 길게는 10여 년 동안 니트에 대해 고민하고 활동했던 시간이 결말이라 생각한 지점에 이르러 다시 시작되었다고나 할까. 마치 오토리버스 기능이 장착된 카세트테이프처럼 마지막 곡이 끝나고 다시 첫 번째 곡이 플레이되었다. 철컥.

1부

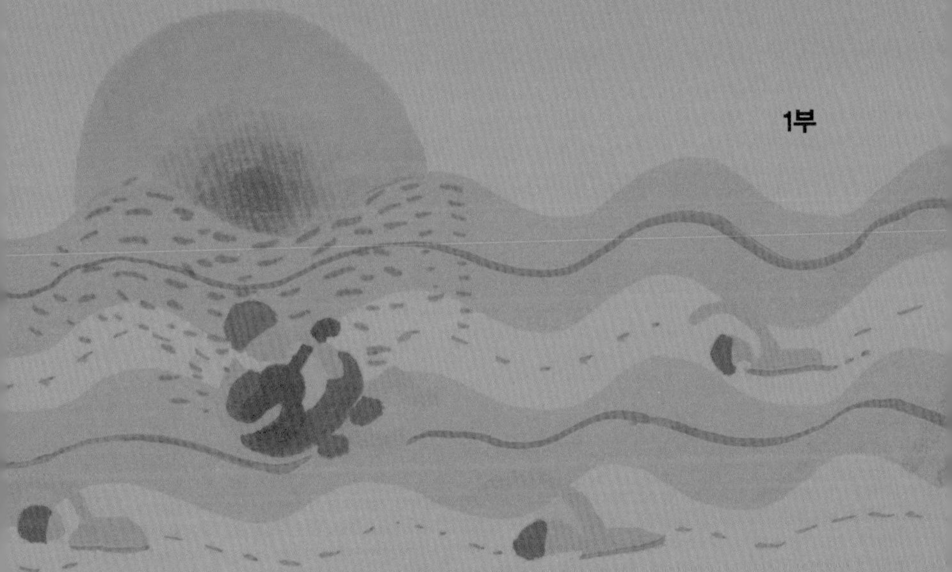

니트는, 없다?

니트에 대해 설명하는 건 쉬운 일이 아니다. 정의 자체가 부정negative형인, 잔여 범주에 대한 개념이기 때문이다. 학교를 다니지 않는데 그렇다고 일도 안 하고 직업훈련도 받지 않는 구직 단념자. 요즘 같아서는 '그게 어때서?'라는 생각부터 든다. '학교 다니고 일한다고 뭐가 달라지나, 에고 의미 없다!'라는 게 젊은 사람들의 솔직한 심정이니 말이다.

하지만 10여 년 전만 해도 니트라는 존재는 사람들로 하여금 '세상에 이런 일이!'에 가까운 반응을 자아내게 했다. "어떻게 아무것도 안 하고, 심지어 일자리를 구하려는 노력도 안 하고 살 수 있지? 그런 사람들이 진짜 있대?" 하는 식으로 말이다. 이런 고정관념 속에서 니트는 이따금씩 어설픈 다큐멘터리에나 등장해서 대중에게 충격을 안겨 주고 사라지곤 했다.

그런데 뉴스를 통해서나 접하던 니트의 수가 언제부턴가 100만 명을 넘기 시작했다. 결코 '이상한 극소수의 유형'이라 치부할 수 없는 규모인 것만은 틀림없는 사실이다. 이렇게 많은 사람들이 니트라는데 실생활에서 니트를 발견하기 어려운 이유는 무엇일까? 두 가지 가능성을 생각해 볼 수 있다. 첫째는 본인, 가족, 사회 모두가 '노동 의지가 없는 부끄러운 존재'로만 여기고 있는 까닭에 스스로를 수면 위로 드러내지 못하기 때문일 수 있다. 둘째는 실제로 일본식의 '고립-무위형 니트'는 매우 소수일 뿐, 통계에 잡힌 대다수의 니트가 1~2년 정도 쉬고 난 뒤에는 전혀 문제없이 잘 살아가고 있기 때문일 수 있다.

어쨌든 사회 문제로 제기된 지 10여 년이 되었는데도 이처럼 니트는 베일에 싸여 있다. 이쯤 되면 누군가 열심히 파고들 법도 하지만 이 문제는 이미 사회적 관심의 유통기한을 넘기고 말았다. 어떤 니트도 광화문 광장에 나와 시위를 하거나 국회에 가서 니트지원기본법을 제정해 달라고 요구하지는 않았으니 그럴 법도 하다.

개념이 명확하지 않다면 생활 세계에서의 이미지로 접근해 보면 어떨까. 일단 사람들의 머릿속에 있을 만한 전형적인 니트의 이미지들을 몇 가지 생각해 보자.

첫째는 집단 따돌림 후 은둔형 외톨이가 된 고립형 니트 유형이다. 집에서 나오지 않으니 외모도 좀 꾀죄죄하고, 대인기피증 같은 게 있을 것 같다. 영화 〈김씨 표류기〉에 나오는 여주인공류의 이미지인데, 집에서 나오지 않으니 가족 중에 이런 사람이 있는 경우가 아니라면 당연히 직접 만나 본 사람도 거의 없을 것이다. 둘째는 대학 졸업 후 영화판에 들락거리다가 제대로 자리를 못 잡고 멍하니 주저앉은 삼촌 정도가 어떨까. 하루하루 큰아버지의 노후 자금을 축내고 있다는 걸 아는지 모르는지 몇 년 동안은 명절에도 넉살 좋게 싱글싱글하더니 이젠 더 이상 가족 모임에서 얼굴을 볼 수 없지만 아무도 어디서 무얼 하는지 묻지 않는…. 예전엔 백수라 불리던 이들로 유예형 니트, 회피형 니트 정도의 이름이 어울릴 듯하다.

셋째는 공무원 시험 준비한다고 노량진 고시촌에서 5년째 살고 있는 사촌동생 이미지다. 늘 능력은 모자라도 노력은 넘치던 아이, 이 길밖에 없다며 열심히 공부를 하고 있는 것 같았는데, 3년 차 이후로는 그냥 집으로 돌아올 면목이 없어서 거기에 있는 듯하다. 그런데 취업 준비 중이면 니트인가 아닌가? 알쏭달쏭하다. 요즘은 학원 그만두고 혼자 공부한다던데, 그럼 일도 안 하고 교육 훈련도 받지 않으니 니트가 아닌가? 학원에 다닐 때도 합격할 가능성이 거의 없었으니 현실적으로는 니트 아니었을까? 이행 실패형 니트 말이다.

맙소사. 이쯤 되면 니트 논의는 아무 말 대잔치나 다름없다. 1960-1970년대생인 내 사촌들 10여 명 중 절반 정도는 위의 경우에 해당하는 시기를 보낸 적이 있다. 특히 두세 번째를 확장해 보면 니트는 그냥 우리 주변 청년 '아무나'를 뜻하는 말이 된다. 그렇다면 굳이 명칭과 개념과 유형화가 필요한가? 여기서 우리 사회가 니트에 대해 아무것도 모른다는 게 여실히 드러난다. 마치 다들 잘 아는 것처럼 떠들어 왔지만, 실제로는 어디서부터 어디까지를 니트라고 정의해야 하는지 합의된 적 없는 것이다. 니트는 이처럼 개념 자체가 사상누각이다.

일본에서 니트는 비교적 동질적인 집단이자, 깊고 장기화된 사회 문제이다 보니 관련 연구자나 지원자가 많다. 반면 한국에서는 석연치 않은 숫자와 모호한 이미지로만 존재하는 집단이다. 이쯤이면 유럽처럼 니트를 그냥 '장기 취업 애로 계층' 정도로 취급해도 될 것인가. 그런데 왠지 그러면 안 될 것 같은, 뭔가 좀 더 깊은 문제가 있는 듯한 불길한 느낌이 강하게 남아 있다. 그렇다면 니트가 진짜 누구인지에 대해 한 번쯤은 깊고 진지하게 접근해 봐야 하는 것이 아닐까.

그동안 수많은 청년 니트를 가까이에서 관찰해 온 사람으로서, 나의 기본적인 가설은 다음과 같다. "니트는 정의상 아무것도 하지 않는 사람이지만, 실제로 아무 일도 하지 않는 니트는 존재하지 않을지도 모른다. 사실은 다들 열심히 물 아래에서 갈퀴질을 하고 있기 때문이다." 여러 가지 의미에서 니트는, 없다.

: 1장

니트를 둘러싼 몇 가지 해석

니트, 청년 일부가 아닌 일반의 문제

먼저 기존의 연구에서는 니트NEET: Not in Education, Employment, or Training를 어떻게 정의해 왔는지 알아보자. 니트는 1999년 영국에서 처음 만들어진 용어다. 이후 2000년대 초반 일본으로 건너가면서 지금 우리가 알고 있는 뉘앙스가 덧붙여졌다. 차이는 있지만 두 나라에서 이 단어에 숨겨진 뉘앙스는 '응…?'이다. 이해할 수 없는, 다시 말해 의구심이 가득 담긴 용어라는 얘기다. 일을 하지 않는데 그렇다고 교육이나 직업훈련을 받지도 않는 젊은이, 집안일도 안 하고 결혼도 안 하는 젊은이, 이 상태를 전혀 이해할 수 없는 기성세대는 계속해서 니트가 무엇인지 질문할 수밖에 없다. 그런데 이 질문은 여러 가지 의미에서 폭력적이다. 고성장 시대 '정상'이라 여겨졌던 생산 노동을 당위적인 상태(E, E, T: 교육, 노동, 훈련)로 상정해 놓고, 거기에 속하지 않는 청년들을 잔여 범주, 비정상인 사람들로 규정해 버리기 때문이다.

니트의 학문적 정의에 대해서는 한국고용정보원에서 펴낸 『2013 취업지원을 위한 청년 니트 실태조사』(정연순 외, 2013)*를 참고하는 것이 좋다. 가장 최근의 통계가 반영된 연구로는 김종욱의 「최근 청년층 니트NEET의 특징과 변화」가 있다. 한겨레의 기사**에도 일목요연하게 정리가 되어 있다. 위의 문헌들을 참조해서 정리한 니트의 정의는 다음과 같다.

"니트는 1)정규 교육 기관이나 입시·취업 훈련 기관을 다니지 않고 2)직업도 없으며 3)가사나 육아를 주로 하지도 않는 4)독신 상태의 15~29세(때로는 15~34세) 청년층이다. 이들 가운데 구직 활동을 하는 구직 니트는 공식 통계에서 실업자 쪽으로, 구직을 하지 않는 비구직 니트는 비경제활동인구 쪽으로 분류된다. 통계상으로 '니트'라고 할 때는 구직 니트와 비구직 니트를 합친 의미지만 주로 문제시되는 대상은 비구직 니트다. 비구직 니트 중에서 앞으로도 구직 의사가 없는 경우를 '비희망형 니트'

---

* 이 연구는 온라인을 통한 1,500명 규모의 양적 조사와 함께 국내 연구로서는 최대 규모인 50여 명의 집단심층면접(FGI)을 통한 질적 조사를 시행했다.

** "구직조차 안하는 니트족, 그들은 누구고 왜?", 한겨레, 2015.01.09.

로 구분하기도 한다. 실제 집계를 할 때는 29세 미만의 청년층 인구 중 실업자를 포함하고, 지난 1주일 동안 주된 활동으로 정규 교육 기관, 입시 학원, 취업을 위한 학원이나 기관에 통학 중인 경우를 제외한 비경제활동 인구로 산출한다."

하지만 여전히 노동 통계 용어가 익숙하지 않은 사람들은 감을 잡기가 쉽지 않다. 좀 더 쉽게 정리를 해보자.

- 취업자: 현재 일을 하고 있는 사람
- 실업자: 현재 일을 하지 않지만 구직 활동을 하고 있는 사람
- 구직 니트: 현재 일을 하지 않지만 구직 활동을 하고 있는 사람(실업자) 중 지난 1주일 동안 주된 활동으로 정규 교육 기관, 입시 학원, 취업을 위한 학원이나 기관에 통학하지 않은 사람
- 비구직 니트: 현재 일을 하지 않고 구직 활동도 하지 않는 사람 중 지난 1주일 동안 주된 활동으로 정규 교육 기관, 입시 학원, 취업을 위한 학원이나 기관에 통학하지 않은 사람

* 구직 니트는 실업자로, 비구직 니트는 비경제활동 인구로 분류됨

이렇게 나열해 놓고 보면 니트라는 개념에 담겨진 중요한 몇 가지 단어가 드러난다. 첫 번째는 '구직 활동'이다. 비구직 니트는 구직 활동을 하지 않는다. 일을 찾는 실업자는 국가가 도울 수 있지만 그렇지 않으니 난감하다. 두 번째는 '구직 의사'다.

'지금 구직 활동을 안 하는 것이야 그렇다 쳐도 앞으로도 일을 하지 않겠다는 건데 이게 뭘까'라는 질문이 니트라는 개념을 탄생시킨 가장 중요한 동기였다. 세 번째는 '교육'이다. 뚜렷한 구직 목표와 계획이 없더라도 교육이나 훈련 기관에 등록되어 있다면 니트 취급을 받지 않아도 된다. 사실 니트 개념 속에는 교육을 통해 일할 수 있게 되기를 희망하고 노력하는, 근대 고용사회적 노동자 주체를 당연시하는 시선이 은연중에 포함되어 있는 것이다.

문제는 청년 니트 규모가 연구 보고서에 따라 전체 청년층의 9퍼센트에서 18퍼센트까지 거의 두 배가량 차이가 난다는 점이다. 「최근 청년층 니트NEET의 특징과 변화」(김종욱, 2017)에 따르면, 청년 니트의 규모는 2016년 기준 94만 4,000명으로 집계되었다. 이는 청년층 인구 942만 7,000명의 9.9퍼센트에 해당한다. 그리고 윤철경 한국청소년정책연구원 선임연구위원의 「한국의 니트 청소년 규모 파악」 연구에서는 청년 니트 규모를 123만 명, 약 13퍼센트로 추산했다.*

반면 2012년 OECD 자료를 인용한 국회 입법조사처 보고서에 따르면 니트 규모가 18.5퍼센트에 달하며(이만우, 2015),** 한

* "공부도 일도 안 하는 청년 니트족 122만 명", 한국일보, 2017년 9월 26일 자에서 재인용. 원자료를 찾을 수 없으나, 「무업청소년NEET: 국제적 동향과 대응 국제 심포지엄」의 발표 자료인 것으로 보임.

국고용정보원의 2016년 노동동향 자료에서도 16.5퍼센트인 156만 명으로 집계되었다(한국고용정보원, 2017).

이렇게 니트 규모가 크게 차이가 나는 이유는 학업 중인 실업자, 전업 주부 등 니트에 포함시키는 세부적인 기준이 다르기 때문일 것이다. 하지만 니트 개념을 도입한 지 10여 년이 지나도록 국책연구원들 간에 그 정의와 집계 기준에 대해 제대로 합의하지 못했다는 점을 나로서는 이해하기가 어렵다. 만약 연구 기관들이 청년 실업에 대해 발표하면서 "2016년 청년 실업률은 9퍼센트이거나 13퍼센트, 혹은 16퍼센트이거나 18퍼센트인 것 같습니다"라고 한다면 사람들이 어떻게 반응할까. 가장 좁게 정의한 김종욱 연구에 나타난 비구직 니트만 해도 60만 6,000명으로, 2016년 평균 청년 실업자 수인 43만 5,000명보다 많다. 그런데 우리 사회는 어떠한가? 니트를 진지하게 사회문제로 접근하고 있는가? 이 지점에서 모두가 문제라고는 생각하지만 아무도 애정이나 관심은 갖지 않는, 한국에서 니트 문제가 차지하는 위치가 적나라하게 드러난다.

그렇다면 우리는 왜 니트라는 개념을 쓰기 시작했을까? 영국에서 1999년 니트라는 개념을 만들면서 초점을 맞춘 것은 중등교육 단계에서 학교로부터 이탈한 16~18세의 비숙련 노동

** OECD 자료에는 2012년을 마지막으로 한국의 니트 통계가 등재되지 않고 있다.

자 계급 자녀에 대한 사회적 배제social exclusion였다. 전통적인 계급적 관점에서 빈곤 대물림 논의의 연장이었던 것이다. 일본은 1990년대 이후 비진학 무업자군과 프리터,* 나아가 부不등교와 히키코모리라는 새로운 사회 문제와의 명확한 연관성이 존재했다(김기헌, 2005). 그렇다면 한국은 어땠을까? 통계상으로는 적지 않은 숫자가 나오고, 일본의 청(소)년 문제와 어느 정도 유사성을 공유했기 때문에 연구가 시작되기는 했지만 명확히 주체가 드러나지는 않았다. 그러다 보니 '100만 명'이라는 숫자로 소비되기만 하고 진중한 논의나 실질적인 데이터가 쌓이지 못한 것이다.

조금 심하게 말하면 니트는 청년의 수많은 곤란함을 뭉뚱그린 후, 그 문제의 원인이 개인의 인성에 있다고 뒤집어씌우는 개념으로 기능했다. 실업자는 노력하는 사람들이니 사회적 문제라 할 수 있지만, 비구직 니트는 일할 의지가 없는 비윤리적 개인이라는 프레임을 씌워 놓으면, 비구직 니트를 포함한 비경제활동 인구에 해당하는 사람들은 '자기 탓'을 해야 할 뿐 사회적으로 발언하기가 힘들어진다. 청년 실업이라는 사회적 문제가 나약한 부적응 청년 개인의 문제로 치환되는 것이다.

널리 알려져 있듯 한국의 청년 실업률이 낮게 유지되는 이유

* 프리터는 'free-arbeiter'를 뜻하는 신조어로 학생, 정사원, 주부가 아니면서 아르바이트나 계약 파견사원으로 일하는 15~34세의 젊은이를 의미한다.

는 취업이 잘 되어서가 아니라 비경제활동 인구가 많아서다. 이들이 당당하게 광장에 나서서 '일을 달라'라고 이야기하는 대신 '나는 일하기를 포기했다'라고 말하면 사회의 입장에서는 매우 편리하다. 그들의 선택이고 그들의 잘못이기 때문이다. 그런데 청년 비경제활동 인구 중 그냥 '놀고 싶어서' 평생 일을 하지 않겠다고 생각한 경우가 상식적으로 얼마나 될까? 한겨레21의 기사 "희생양도 개OO도 아니다"는 청년 실업도 청년 니트도 아닌 20대 비경제활동 인구를 중심으로 '뭘 해도 손해 보는 싸움에서 단념이 합리적일 수도 있는' 청년들의 현실을 심도 있게 정리했다.* 아무리 애써도 표준화된 욕망에 도달할 수 없기에 일을 원하지 않는 방향으로 심리적 방어기제가 작동하게 되지만, 노동시장에 참여하지 않고서는 경제적 독립은커녕 온전한 개인으로 인정받기 어려운 사면초가의 상황. 그것이 청년들 사이에 또 하나의 '새로운 표준'으로 자리 잡게 되지는 않을까.

그런데 왜 최근 들어서야 니트에 대한 관심이 늘어나는 것일까? 그것은 사회 전반적으로 학교-직업 세계 이행school to work transition의 트랙이 심각하게 망가져 가고 있기 때문이다. 니트 문제가 급격히 심화되어서 심각하게 다뤄지는 것이 아니라, 전체적인 청년의 진로가 위험해졌기 때문에 니트 문제도 부각되

* "희생양도 개OO도 아니다", 한겨레21, 2013.10.31.

는 것이다.

청년 진로 전체가 위협받고 있다는 단적인 증거로 대졸 니트와 취업 준비자들의 변화를 들 수 있다. 2016년 7월 한국고용정보원이 발간한 「청년층 취업 준비자 현황과 특성」 보고서에 따르면, 2015년 54만 2,000명에 해당하는 청년층(15~29세) 취업 준비자 중 절반가량은 공무원 시험 등 각종 시험을 준비하는 '공시족'으로 나타났다. 이들 중 시험에 합격하는 비율은 얼마나 될까? 한국의 고용 시장에서는 몇 년간의 공백기도 쉽게 용인하지 않으니 공시 준비는 위험한 도박일 수밖에 없다. 그렇다면 풀리지 않는 인생을 시험에 올인했다가 성공하지 못한 절반의 취업 준비자들은 몇 년 뒤 어떤 미래를 맞이하게 될까. 공시 준비생만 위험한 것은 아니다. 청년들의 입장에서 노력을 통해 다음 단계로 나아갈 수 있는 삶의 경로는 거의 존재하지 않는다.

이른바 '청년 문제'를 논할 때 취업과 경제적 생존이 어려워졌다는 지적만으로는 복잡하게 얽힌 실타래를 풀기 어렵다. 니트의 정의를 돌이켜 보면, 니트와 니트가 아닌 사람을 구분하는 가장 본질적인 차이는 희망의 여부다. 일하기를 희망하는 마음의 상태가 가장 중요하다는 말이다. 내가 이 책에서 니트를 통해 드러내고 싶은 것 역시, 니트 여부를 떠나 청년 전반을 관통하는 '희망 없음'이라는 마음의 상태다.

한국에서 니트의 존재가 알려진 것은 2000년대였다. 당시에 비해 오늘날 청년층 전반을 둘러싼 환경은 훨씬 더 악화되었다.

노동 불안전성, 1인 가구의 확산, 빈곤에 대한 공포 등 사회적 조건이 완전히 달라졌다. 특히 주류 경제학에서 크게 고려하지 않는 관계 단절과 고립은 일하는 사람이나 일하지 않는 사람 모두의 삶을 완전히 바꾸어 놓고 있다. 니트가 아니더라도 니트적 상황에서 자유로울 수 없게 되었다고 할까. 일본에서 '니트' 대신 'SNEP(Solitary-Non Employed Person: 고립무직자)'*라는 단어를 쓰자는 움직임이 일어난 것과 비슷한 맥락의 변화들이 한국 사회에도 일어나고 있는 것이다. 니트 문제가 수면 위로 올라온 것은 이 때문이다. 한국에서 청년 실업이나 성폭력이 사회적 문제로 인정된 것은 불과 몇 년이 되지 않았고, 지난 10여 년간 이런 문제는 그저 '투정'으로 받아들여졌다. 하지만 이제는 누구도 함부로 '일을 구하려는 노력이 모자라다'거나 '복장이나 저신을 잘 못했다'는 식으로 문제를 개별화시키지 못한다. 문제가 급속히 더 나빠져서라기보다는 여러 가지 사회 문제들이 심화되면서 점차 환경과 맥락을 깨닫게 된 것이다. 니트 문제가 더 크게 다가오는 것 역시 니트 상태의 개인들이 갑자기 증가해서가 아니라 니트를 둘러싼 사회적 맥락 전체가 변화했기 때문이다.

---

* 직업이나 일이 없고 혼자 혹은 가족 외에는 다른 어떤 인간관계도 맺지 않는 20~59세 사이의 미혼 인구를 의미한다. 니트와 히키코모리 문제가 청년층에만 국한되는 것이 아니라는 점을 설명하기 위해 도쿄대 겐다 유지 교수가 만든 개념이다.

청년층 전반이 놓인 환경이 이렇게 변해 버린 상황에서, 사회가 택할 수 있는 길은 두 가지다. 망했으니 알아서 더 노력하라고 명령하거나 너무 힘든 청년들만은 구제하자는 것, 이것이 지금 이 사회의 메시지다. 그러나 그것만으로는 모자라다. 기성세대는 이 사회가 한계 상황에 놓여 있음을 인정하고, 그 한계 상황을 온몸으로 겪어 온 청년들에게서 사회 전체가 이행해 나갈 방법과 방향에 대한 힌트를 얻어야 한다.

이것은 '니트가 과연 마이너리티인가', '왜 소수자 관점에서 니트를 연구해야 하는가'에 대한 질문과도 연결된다. 사회의 마이너리티를 연구함으로써 얻을 수 있는 효과 중 하나는 소수의 문제를 통해 다수 혹은 전체의 문제를 읽어 낼 수 있다는 점이다. 예를 들어 '난민'은 명확하게 실재하는 마이너리티이지만, 난민성은 탈근대 위험 사회의 모든 시민들에게 스며들어 있다. "저출산은 (해결해야 할) 문제가 아니라 (사회에 던져진) 질문"이라고 지적하는 조한혜정의 주장처럼 말이다.* 나는 이 책에서 니트라 알려진 사람들을 통해 질문을 던지려 한다. 진로 해체, 경제적 궁핍, 관계 단절이라는 니트적 상황에 빠지는 것이 너무나도 쉬워진 상황에서, 니트의 존재가 한국의 청년 전체 혹은 경제·사회 구조에 대해 무엇을 되묻고 있는지에 대해 말이다.

---

* 조한혜정, "저출산은 문제가 아니라 질문", 한겨레, 2016.08.30.

니트에 대한, 조금 다른 접근

사실 내게는 니트에 대해 설명할 수 있는 학위라든지 정신과 의사 같은 타이틀이 없다. 그렇다고 니트 당사자 출신도 아니다. 단지 오랜 시간 동안 진로와 관계에 있어 곤란에 처한 많은 사람들을 만나 왔을 뿐이다. 연구자 정체성을 갖고 공부를 열심히 해온 것도 아니어서 스스로의 위치를 이론적으로 포지셔닝하는 방법도 잘 모른다. 그래서 내가 서 있는 지점(정확히는 그 지점들의 궤적)을 밝히는 것이 가장 적절할 것 같다. 투박하게나마 나의 포지션을 요약하면 다음과 같다.

> "나는 오랜 시간 동안 스스로 니트성을 지닌 채 니트 상태의 사람들을 지켜보고 있었다."

'니트성'을 학문적으로 명확히 정의하기는 어렵다. 물론 '국가 니트성 표준 지수' 같은 것을 만들어서 예비 취업자들을 점수 매기자는 의도는 아니다. 단지 니트와 취업자 사이에 불연속점이 존재하지 않는다는 가정하에, 니트의 정도를 나타내는 수소 이온 지수(pH) 같은 것이 있다면 어떨까 하고 잠시 떠올렸을 뿐이다. 용액의 pH 농도가 0에서 7이면 산성 용액, 7에서 14 사이면 염기성 용액으로 판별하듯이 한 사람에게 어떤 시점에서 니트성이 50퍼센트 이상 되면 비노동에 가깝고 50퍼센트 이하면 노동에 가깝다고 말할 수 있다면 어떨까.

이렇게 니트성을 상정해 보면 니트를 주체가 아닌 상태로 생각할 수 있게 된다. 어떤 단일 정체성을 지닌 소수자 집단이 아니라 진로, 관계, 마음의 어려움 때문에 '소수자성'이 높아진 상태 말이다. 예를 들어 기존 사회의 질서에 잘 적응하고 스펙을 잘 쌓아 왔던 사람도 거시경제 지표가 나빠져 취업에 몇 번 실패하면 니트성이 올라갈 수 있다. 평소 몽상가적이고 근로 의지가 적은 사람은 애초부터 니트성이 높겠지만, 본인에게 맞는 직장을 만나면 니트성이 낮아질 수 있을 것이다. 만약 니트성 모니터링 기구가 있다면 연휴 막바지 혹은 매주 일요일 저녁마다 전국의 니트성이 치솟는 것을 관찰할 수 있을 것이다. 또한 당연히 이 니트성의 평균치는 노동 친화적 사회에서는 낮게, 노동 비친화적 사회에서는 높게 나타날 것이다. 따라서 니트성을 달리 설명하면 노동과 관련한 외부의 환경 요인에 선택적으로 반응하는 비노동 친화성non-working affinity이라 표현할 수 있다.

현재 니트로 구분되는 상태도 니트성 정도에 따라 세 가지로 세분화할 수 있다. 첫째 '구직 단념 니트' 상태가 있다. 현재는 노동시장에서 떨어져 나와 있지만 고용 환경이 개선되면 실업자나 취업자로 이동할 수 있는 상황을 말한다. 둘째 '비활동 니트' 상태가 있다. 활동에 대한 의지도 낮고 실제 활동성도 낮지만 재활성화가 불가능하지는 않은 경우다. 셋째 '고립-무위 니트' 상태가 있다. 비활동 단계에서 관계 단절이 더해진 상태로 일본의 히키코모리와 비슷한 상황이다. 하지만 이것이 깊이에 따른 레벨 분류는 아니다. 그보다는 교집합을 갖고 있는 평면상의 서로 다른 영역이라 보면 좋을 것이다.

돌이켜 보면 나는 위의 분류 어디에도 명확히 속하지는 않았지만 세 가지 영역에 조금씩 발을 걸치고 있었다. 겉보기에 나의 직업 경로는 나름 괜찮은 편이라 할 수 있고, 비교적 고숙련 노동에 속하는 일들을 하기도 했다. 하지만 동시에 매우 높은 니트성을 지니고 있었던 것도 사실이다. 그리고 나보다 높은 니트성을 지닌 사람들과 계속해서 접점을 가져오면서 때로는 그들과 동일시하기도 하고, 때로는 관찰자 입장에 서기도 했다. 내가 경험해 왔던 '유사-니트' 상태를 복기해 나가면서 니트성에 대해 촘촘히 들여다보고 나면, 니트에 대한 기존의 이미지를 해체하는 데 조금 도움이 될 수 있을지도 모른다. 이런 기대를 품고, 나의 경험을 '0번 사례'로 삼아 출발해 보려 한다.

니트를 바라보는 가장 기본적이고 전통적인 시각은 '학교에서 직업 세계로의 이행 실패'라는 관점이다. 결론부터 얘기하자면 나는 몇 번이나 이행에 실패하고 비노동 상태에 놓일 가능성이 높았지만 운이 좋아 니트 상태에 빠지지 않은 경우라 할 수 있다.

내가 처음으로 직업 세계에 접속한 것은 2002년 1월, 대학교 졸업 시기였다. 나는 대학 시절 내내 음악가를 꿈꾸다가 군 입대 전 휴학한 상태에서 가요계에 작곡가로 데뷔했지만 딱히 히트곡을 내지는 못했다. 전역 후 몇 장의 앨범 제작을 경험했지만 돈을 거의 벌지 못했기 때문에 당시 그것을 노동 경험이라 생각하지는 않았던 것 같다. 아무튼 그냥 막연히 취직이나 해야겠다고 생각하던 중, '창의인재전형'이라는 별난 채용 제도 덕분에 S그룹 신용카드 회사에 입사를 하게 되었다. 예나 지금이나 취업 시장에서 별 볼일 없는 사회학과 출신이었지만 그럭저럭 통하는 학벌 자본과 작곡가 경력이 결합되면서 취업에 성공할 수 있었다. 이것이 나에게 다가온 첫 번째 운이다.

하지만 기계적인 취직이 직업 세계로의 성공적인 이행을 의미하는 것은 아니었다. 명확한 직업관도 없고 진로에 대한 고민도 계획도 없었던 나로서는 대기업이라는 문화가 낯설기만 했다. 수천 명 직원 중에 나와 비슷한 생각을 하는 사람은 없는 듯했다. 모두가 돈, 돈, 돈, 그리고 성공을 이야기하는데 그걸 얻는다 해도 내 삶이 괜찮아질 것 같지 않았다. 당시 브랜드 마케팅이 기업 경영에서 새로운 화두로 떠오르는 시점이어서 내가 속한 브랜드 매니지먼트 팀은 전망이 밝아 보였지만, 10년 뒤 우리 팀 선배들처럼 되고 싶은 걸까 생각해 보면 그렇지도 않았다. 당시 삶에서 꼭 롤 모델이 필요하다고 느낀 것은 아니지만, 선배들 중에서 롤 모델을 발견했다면 좀 더 잘 버틸 수 있지 않았을까 싶기도 하다.

무엇보다 힘들었던 건 일하는 방식이었다. 내가 맡은 업무는 기업 브랜드와 광고, 그리고 사회공헌 업무였는데 그중 내가 동의할 수 있는 방식으로 운영되는 일은 하나도 없었다. 수억 원짜리 뜬구름 잡는 프로젝트, 즉 '브랜드 전략 구축을 위한 컨설팅 보고서'는 회사가 갑작스럽게 긴축을 하면서 누구도 언급하기 싫어하는 천덕꾸러기가 되고 말았다. 결국 사장에게 보고도 못하고 어느 날 오후 담당 상무에게 형식적으로 보고하는 것으로 프로젝트는 마무리되었다. 이런 넌센스가 버젓이 존재할 수 있다는 것이 놀라웠다. 반면 사회공헌 업무는 아주 단순했다. 그룹 '구조조정본부'에서 떨구는 사업을 하거나 임원진이 요청하는 곳에 후원을 해주면 되었으니 말이다.

최악은 광고 업무였다. 연간 수백억 원을 광고비로 썼는데, 정작 그 중요한 광고를 만드는 과정은 주먹구구식이었다. 우리 팀과 광고 회사, 그리고 외주 제작 스태프는 갑-을-병 관계였는데 대부분 잘못은 갑인 우리가 해놓고, 최종적인 책임과 손해는 병이 떠안는 관계였다. 실제 부가 가치를 만들어 내는 사람들은 전문성에 대한 존중도 금전적인 보상도 제대로 받지 못하는 구도가 싫었다.

아마도 내가 그렇게 괴로웠던 이유는 노동의 원체험을 했던 '음악계'라는 나의 준거 집단이 내 소속 집단인 S카드사와 너무도 달랐기 때문일 것이다. 회사 생활을 하면서 늘 그리웠던 것은 녹음실의 시공간이었다. 나는 일개 무명 신인 작곡가일 뿐이었지만, 녹음실에서는 늘 내 나이와 직급이 아닌 작업의 내용으로 평가받았다. 나보다 수십 배 오랜 경력을 지닌 베테랑 세션 연주자나 믹싱 엔지니어들도 작곡가의 나이나 유명세에 관계없이 모두 좋은 결과물을 내기 위해 몰두하는 창의적 공동체였다. 창발적 지식 노동의 가면을 쓴 채 후진적 관료제의 심연에 빠져 있던 회사 조직과는 너무나 달랐다.

회사를 그만둔 결정적인 이유는 그 일을 하는 것에 아무런 목적과 의미를 느끼지 못했기 때문이다. 당시 카드 업계의 수익 모델은 금융 상품, 쉽게 말하자면 합법적 고리대금업이었다(선배들이 오리엔테이션에서 그렇게 표현했다). 그런데 그마저도 비상식적으로 운영하고 있었다. 카드 빚에 쫓긴 서민들이 자살을 했다는 뉴스가 나와도 회사의 구성원들은 자신과 상관없는 일처럼 여겼다. 언론에 로비를 해서 보도를 미리 막아야 하는 홍보팀의 일이 하나 늘어났을 뿐이었다. 인류와 사회를 위해 거창한 일을 하길 바랐던 것은 아니었지만, 도대체 이게 뭔가 싶었다.

그뿐만이 아니었다. 일에서 최소한의 내적 정합성整合性조차 기대할 수가 없었다. 회사에서 일의 본질에 대해 깊이 고민하는 것은 나이브한 태도로 간주되었다. 오로지 중요한 건 회사 내에서 어떻게 평가를 받을지, 나쁜 결과가 예상될 때 어떻게 책임을 회피할지에 대한 '정치'뿐이었다. 진로 탐색 부족으로 인한 잘못된 직장 선택, 조직 내 롤 모델의 부재, 준거 집단과 소속 집단 간의 불일치 등 내가 퇴사를 선택한 이유는 많았다.

그렇게 회사를 그만두고 나온 직후, 어렸을 때부터 음악을 함께 해왔던 친구가 갑자기 어디선가 드라마 음악 일을 받아 왔고, 한두 개 일을 쳐내다 보니 대단한 성취라 할 만한 작품이 없었음에도 경력과 업무 능력은 꾸준히 쌓여 갔다. 그 결과 2~3년 후부터 우리 둘은 음악 감독님 소리를 들으면서 뮤지컬과 대형 연극 등 단가가 높은 일을 할 수 있게 되었다. 이것이 두 번째 운이었다.

하지만 음악계에서의 경력도 오래 가지는 못했다. 내가 동경하고 경험했던 1990년대 초·중반의 음악계 문화는 이미 엠피3 시대를 거치면서 역사의 뒤안길로 사라진 지 오래였고, 대부분의 평범한 음악가들에게는 그저 하청 노동만이 남아 있을 뿐이었다. 나의 준거 집단이었던 음악 현장이 변해 버린 것이다. 그래서 나는 5년 만에 작곡가라는 직업을 부수적인 직업으로 삼기로 하고, '하자센터'라는 서울시립 민간위탁기관에 취직해서 사회적기업 인큐베이팅을 시작했다. 다행히 사회적기업을 지원하는 영역 자체가 막 생겨나던 시기였기 때문에 여기서도 내 능력이나 경력과 상관없이 일을 시작할 수 있었는데, 이것이 세 번째 운이라 할 수 있겠다. 그리고 또 2년 뒤 내가 인큐베이팅한 사회적기업 '유유자적살롱'으로 직장을 옮겼다가, 5년 뒤 회사를 정리하는 시점에 하자센터의 기획부장 자리가 공석이 되어 다시 하자센터로 돌아오게 되었다. 이것도 운이라면 운일 수 있겠다.

누군가에게는 위의 이야기가 부적응을 가장한, 주체적이고 역동적인 경력 탐험 스토리로 읽힐 수도 있을 것이다. 대기업 기획부서, 문화 산업 작업자, 새롭게 생겨나는 직군으로 이어지는 나의 경력은 나름 나쁘지 않은 사례일 수도 있기 때문이다. 하지만 다른 한편으로 나는 다음 단계로의 이행에 실패할 가능성이 높은, 말하자면 니트 고위험군에 속하는 청년이었다. 준거 집단과 소속 집단의 불일치라든지 직업 세계에 대한 지식과 경험 부족, 일에서의 추상적 가치에 대한 지나친 의미 부여, 심리적-관계적 불안정성 등, 나의 니트성을 측정했다면 꽤나 높은 클래스에 등극했을 것이다.

실제로 첫 직장에서 26개월 만에 퇴사한 후 프리랜서 작·편곡가로 살았던 5년 동안 나는 얼마간 유사-니트적인 삶을 살았다. 일을 하는 날보다 하지 않는 날이 더 많았달까. 특히 대학원 과정을 마친 후부터 3년 동안은 두 가지 관점에서 니트적이었다.

첫 번째는 경제적 생산 활동 여부다. '경제적 재화를 생산하는 활동에 참여했는가'라는 제도적 관점으로 본다면, 나는 1년에 3~6개월 정도 강도 높게 음악 일을 했을 뿐 절반 이상을 거의 아무 일도 하지 않았다. 물론 많은 문화 산업 종사자들, 특히 프리랜서들은 이렇게 경과적 일자리 속에서 일을 한다. 다만 이런 경우 경제적 수입이나 경력 관리를 위해 적극적으로 일거리를 찾아보는 것이 일반적인데, 당시 나는 워낙 위축된 상태여서 머릿속으로 생각만 했지 실행에 옮기지는 못했다. 음악 생산을 자아실현보다 직업으로 받아들였던 나에게는 실질적으로 다분히 니트적인 상황이었다.

두 번째는 '스스로 인정하는 활동 여부'다. 내부 동력과 확신을 가진 근대적 예술가들은 설사 본인의 작업이 경제적 대가를 받지 못하더라도 스스로 가치가 있는 '일'로 여긴다. 직접적인 창작 활동을 하지 않는 기간도 창작에 필요한 공부를 하거나 에너지를 축적하는 시기로 인정하기도 한다. 그런데 나의 내적 기준에서는 반년 이상의 시간이 그저 '공백'일 뿐이었다. 나름대로 음악적으로 더 발전하기 위해서 이런저런 노력을 했지만, 스스로 인정할 수 있을 만큼 의미 있는 활동은 아니었기 때문이다.

이 시기에는 사회적 관계가 넓지도 않았고, 부모님의 경제적 상황이나 건강 악화 등으로 인해 스트레스를 많이 받았기 때문에 이런 유사-니트 상황이 심리적으로도 매우 어려웠다. 단순히 돈을 많이 벌지 못해서라기보다 하루하루 나를 확인하기가 힘들었기 때문인 것 같다. 돈을 벌면 나를 사회가 규정해 줄 것 같고, 충분히 의미 있는 활동을 하면 스스로 자신을 규정할 수 있을 텐데 그러지 못하니 괴로웠던 것이 아닐까. 하지만 조바심과 위축감이 늘어날수록 상황은 악화되기만 했다. 한편으로는 신진 음악 감독의 경력을 착실히 밟아 가면서 다른 한편으로 무중력화, 비활성화의 방향으로 치닫던 내 삶의 이중성은 하자센터나 유자살롱처럼 스스로를 맥락화할 수 있는 일터에 편입된 뒤에서야 조금씩 해소되기 시작했다.

그런데 조금만 관점을 바꿔 보면 간헐적으로 겪었던 유사-니트 기간을 포함한 나의 일 경험이 딱히 비정상적이거나 비난받을 일은 아닐 수도 있다. 일하는 사람만이 정상이고 일하지 않는 사람은 무책임하다는 관점에서 한 발짝 벗어나서 니트의 개념에 대해 몇 가지 질문을 던져 보자.

첫째, 니트는 생산하지 않는 사람인가? 경제적 재화의 생산이라는 좁은 관점에서 본다면 맞다. 유사-니트 기간뿐 아니라 연간 평균을 내보아도 나의 시간당 생산성은 높은 편이 아니었고, 지속적으로 노동에 참여하지 않은 탓에 숙련도가 축적되지 못했으니 생산성도 크게 향상되지 않았다.

하지만 돌이켜 보니 나에게는 결과보다 의미가, 경쟁보다 소통이, 양보다 질이 중요했다. 그리고 그 욕망이 해소되지 않을 때, 일단 멈춤 상태에서 삶의 균형을 맞추는 시간을 갖고 싶었다. 내가 조금 극단적이었을 뿐 이러한 삶의 지향성은 이른바 창의적 문화 산업에 종사하는 사람들에게 권장되는 특성이 아니던가. 더군다나 이 사회에는 경제적 생산 활동에 참여하지 않으면서도 잘 살아가고 있는 사람들이 많다. 불로소득자들뿐만 아니라 심지어 피고용 상태의 직장인 중에서도 실질적으로 생산적인 일을 거의 하지 않는 프리라이더free-rider들이 꽤 있다. 그리고 일을 하지 않는 시간에 나는 도움이 필요한 사람들을 위해, 혹은 사람들이 즐거움을 느낄 수 있는 무형의 커뮤니티를 만들기 위해 노동 바깥의 영역에서 많은 일을 했다. 나 스스로도 기존 노동 윤리에 사로잡혀 그것들을 일로서 인정하지 못했을 뿐이다.

둘째, 니트는 노력하지 않는 사람인가? 맹세코, 나는 한순간도 내 삶을 위해 애쓰지 않았던 적이 없다. 다만 마음으로 애를 쓸 뿐 구체적 실행을 위해 단계적으로 노력하지는 못했다고 볼 수도 있는데, 그렇다고 평소에 노력을 많이 하는 다른 사람들이 합당한 성취를 얻는 것 같지도 않다. 나의 경우는 오히려 너무 애써서 문제였을 수도 있다. 마음은 생산성 경쟁에서 벗어나 질적 성취를 이루고 싶었지만 몸은 어떻게 해야 할지를 몰라 관성대로 행동했다. 그러다 보니 몸과 마음이 엇박자를 타고 좌충우돌했던 것이다. 요즘 청년들 사이에 '애쓰지 말자'가 표어처럼 여겨지는 것이 충분히 이해되는 지점이다.

셋째, 니트는 어떤 '사람'을 지칭하는 개념인가? 이건 좀 바보 같으면서도 중요한 실문이다. '실업자'나 '구직자'라는 개념이 주체가 아닌 상태를 지칭하는 것처럼, 니트 역시 어떤 시기에 겪게 되는 상태일 뿐이다. 그런데 일본에서 장기화된 고립형 니트가 대거 출현하면서 니트가 마치 변화하기 어려운 특정 속성을 지닌 주체들인 것 같은 이미지가 생겨났고, 그중 무능력과 불성실의 이미지가 배제와 차별의 근거로 자리 잡았다. 이는 마이너리티들에게 종종 일어나는 배제 기제다. 예를 들어 저소득층 청소년이나 저학력자들을 집단적으로 관찰하면 그 그룹이 일반적으로 공유하는 상황 때문에 공통점이 나타날 수도 있다. 하지만 그런 특질로 개개인을 규정한다면 그것은 옳은 일일까? 관찰된 공통점 자체도 사회적으로 구성된 사실은 아닐까?

이렇게 아슬아슬한 시기를 지나왔음에도 불구하고, 다행스럽게도 난 니트가 되지는 않았다. 그렇다면 어떤 이유로 누군가는 니트가 되고, 누군가는 니트가 되지 않는 것일까. 곰곰이 생각해 보면 나에게 일어났던 세 가지 운은 사실 운이 아니었다. 그것들은 무작위로 나타나는 행운이라기보다는 내가 획득했거나 접근할 수 있었던 자원과 기회가 축적되어 나타난 결과였다. 보통 개인의 진로에서 나타나는 성공과 실패가 개인의 탁월한 능력과 노력, 합리적 선택 때문이라 생각하지만, 적어도 나의 경우엔 어떤 자원과 기회가 주어졌는지가 더 중요했던 것 같다. 나에겐 다음 단계나 옆 단계(음악, 대학원, 하자센터)가 있었고, 나의 징짐을 알아보고 노동시장과 연결하거나 이끌어 줄 사람(친구, 선생님)도 있었다. 또한 곁에서 나를 지지해 주는 사람(아내와 친구들)도 있었다. 만약 나에게 축적되어 있던 사회 자본(주로 사람들)이나 학력 자본(정확히는 학벌 자본)이 없었다면, 혹은 그중 몇 개가 나를 비껴갔다면, 장담하건대 나는 어느 한순간 풀썩 주저앉아 니트 상태에 빠졌을 것이다. 결국 한 개인이 니트가 되느냐 아니냐는, 그의 인격이나 노력이 아닌 그가 동원 가능한 사회적 자원에 따라 결정되는 것일지도 모른다.

무기력이 아니라, 무중력입니다

내가 처음으로 니트에 관심을 가지게 된 건 2004년 대학원 석사 과정 때였다. 연구실 모임에서 일본인 유학생을 만났는데, 지금은 한일 청년 문제 전문가로 널리 알려진 후쿠시마 미노리 상이었다. 그의 박사논문 주제는 '삶을 유예하는 한일 청년 비교'였는데 논문 목차에 등장하는 프리터, 니트, 패러사이트 싱글parasite single* 등의 개념들이 왠지 낯설지 않게 느껴졌다(후쿠시마 미노리, 2005). 내가 첫 직장을 뛰쳐나와 대학원으로 피신한 이유도 그저 꿈을 좇아 보겠다며 몇 년간 삶을 유예하는 것이었으니 그럴 만도 했다.

주류적인 가치관과는 담을 쌓고 지내던 몇몇 친한 친구들 역시 나와 비슷한 삶을 살고 있었는데, 그중 한 명이 2005년 어떤 사건을 계기로 몇 개월간 사회적 고립을 경험하고 그 후 쭉 니트 상태에 머무르게 되었다. 가장 가깝던 친구가 니트 상태에 빠지는 과정을 지켜보면서도 아무 도움을 줄 수 없다는 사실이 나에게는 큰 상처였다. 그래서 2006년 초 지도 교수님을 따라 도쿄의 니트-히키코모리 지원 기관인 '뉴스타트New Start'를 방문했을 때, 사회 시스템에서 멀어진 청년들을 진지하게 돕고 있는 일본

* 일본에서 유행한 신조어로 경제적 독립을 이뤄 내지 못한, 주로 20대 중후반에서 30대 초반 이후의 독신자 혹은 잠재적 독신자로서 대부분 일정한 직업이 없거나 잠시 일용직, 아르바이트 등의 일을 하며 부모의 경제력에 의지하여 살고 있는 사람들을 말한다.

사회가 부럽기까지 했다. 동시에 심각한 히키코모리 상태에 빠진 현지 청년들의 적나라한 상태를 바라보며 적지 않은 충격에 빠지기도 했다. 뉴스타트에 온 히키코모리 청소년과 청년들은 모두 좁은 쪽방촌 같은 곳에서 기숙 생활을 하는데, 그 방에서도 나오기 힘들어 50미터 남짓 떨어진 식당까지 가지 못하는 경우도 있다고 했다. 그리고 그들 중에는 소위 '일반인'과 뚜렷하게 구분될 만큼 표정이 부자연스러운 경우도 많았다. 마치 고립 상태가 신체에 각인되는 수준까지 이른 것처럼 느껴졌다. 일본에서 돌아와 뉴스타트 설립자인 후타가미 노우키가 쓴 책 『일하지 않는 사람들, 일할 수 없는 사람들』(2005)을 다시 반복해서 읽었지만, 여전히 혼자서 친구를 도울 수 있는 방법은 없었다.

그 후 오랜 시간에 걸쳐 어떤 중력이 나를 한 방향으로 이끌었던 것 같다. 하자센터에서 일하며 내가 인큐베이팅을 맡았던 사회적기업 '유자살롱'에 사회적 고립을 경험한 청소년이 다니고 있다는 것을 알게 되었을 때, 나는 비슷한 상태의 청(소)년들을 위한 프로그램을 세팅하기 위해 물밑에서 많은 노력을 했다. 유자살롱 멤버들과 '집 밖에서 유유자적'이라는 이름으로 프로젝트의 컨셉과 기획을 함께 고민했고, 마침내 소액 후원자 그룹인 '매니아 기빙서클'과 '함께일하는재단'으로부터 지원을 약속받았을 때는 떨 듯이 기뻤다. 하지만 동시에 그들과 거리를 두려 애쓴 것도 사실이다. 나는 같은 건물에 있으면서도 프로젝트의 수강생들을 한 번도 만나러 가지 않았고, 심지어 그들의 발표 공연에도 찾아가지 않았다. 아마도 내 가장 어두운 기억이 떠오를까 봐 겁이 났던 것이 아니었을까.

'집 밖에서 유유자적 프로젝트' 1기가 성공적으로 종료된 이후, 프로그램의 효과와 음악가들의 교육적 능력에 대해서는 모두가 공감했지만 해결되지 않은 큰 문제가 남아 있었다. 사회적 기업으로서 자체 재생산을 위한 수익을 낼 수 없는 사업이었던 것이다. 유자살롱의 대표를 맡고 있던 '전조'는 조직 경험이 없는 음악가들만으로는 더 이상 회사를 유지해 나갈 수 없다고 판단을 내렸다. 그렇다면 내가 유자살롱으로 옮겨 가서 일을 도우면 어떨까? 이때 나는 인생 최대의 고민에 빠졌다. 이 일은 정말 나에게 꼭 맞는 일이었다. 평생 좋아해 온 음악을 통해 나의 10대 시절과 비슷한 관계적 어려움에 빠진 청소년을 돕는 일이니 말이다. 유자살롱이 나를 필요로 한다고 볼 수도 있었다. 하지만 나는 거의 한 달 넘게 매일매일 내가 유자살롱에 가면 안 되는 이유를 찾았다. 하고 싶고, 의미 있다고 생각하고, 비교적 잘할 수 있는 일로부터 왜 자꾸 도망가려 했을까. 지나서 생각해 보니 그건 실패가 너무 두려웠기 때문이었다. '진짜'라고 생각한 일에서 실패할 경우 나의 조그만 자아가 받을지도 모를 상처에 대해 걱정했던 것이다.

하지만 결국 아내와 당시 하자센터장 '전군'의 격려에 힘입어 나는 2011년부터 유자살롱에 합류, 공동대표로 일하며 니트 청소년들의 사회 복귀를 돕게 되었다. 5년간 탈학교 비활동, 즉 니트 상태의 15~24세 청(소)년을 돕는 '집 밖에서 유유자적 프로젝트'를 통해 약 70명 정도의 아이들을* 만났는데, 그 시간은 누군가를 돕는다기보다 스스로 치유를 받은 시간이었다.

즐겁게 기타를 퉁기고, 아이들과 울고 웃었으며, 자랑스럽게 우리의 이야기를 세상으로 발신했다. 유자살롱은 '유유자적살롱'의 줄임말인데, 그 이름처럼 마음의 템포를 찾으려 모인 사람들의 커뮤니티였다. 그것은 아이들과 동료 모두에게 해당되는 것이었다. 우리는 때로 하고 싶지 않은 일도 해야 했지만, 아이들을 위해 희생하지 않는다는 기준을 지켰다. 동료들이 행복하지 않고 성장하지 않으면서 아이들에게 행복과 성장을 이야기할 수는 없다는 공동대표 전조의 신념 덕분이었다.

유자살롱에서 일하는 동안 나는 동료들과 아이들에게서 늘 진심으로 이해와 신뢰를 받고 있다고 느꼈고, 나 역시 그 느낌을 돌려주려 노력했다. 그리고 그 과정에서 내가 갖고 있던 많은 문제들이 해소되는 경험을 했다. 가치 지향과 실제 행동 사이의 괴리를 느끼지 않고 일하니 생산성도 높아졌고, 함께 성장한다는 것이 무엇인지도 알게 되었다.

집 밖에서 유유자적 프로젝트를 기획하던 시점에 나는 니트-히키코모리 상태에 있는 청소년을 '무중력 청소년'이라 이름 지

---

* 우리는 참여 청(소)년들을 그냥 '애들'이라 불렀다. 그들의 주체성과 시민성을 존중하지만, 그들이 마음 놓고 편하게 기댈 수 있기를 바랐기 때문이다.

었다. 히키코모리를 그대로 번역한 '은둔형 외톨이'라는 말을 그대로 쓰기는 싫었기 때문이다. 비자발적인 고립 상태가 마치 자신의 의지에 의한 것이라는 느낌을 주는 은둔이라는 단어를 쓰는 것도 싫었고, 외로운 사람에게 외톨이라고 명명하는 것은 예의가 아니라는 생각도 했다. 또 니트나 히키코모리라는 좁고 명확한 정의보다 좀 더 포괄적으로 사유할 수 있는 여지를 두고 싶었다. 그래서 한참을 고민하다가, 사람들이 이들을 '무기력한 상태로 둥둥 떠다닌다'고 손가락질한다는 사실에서 아이디어가 떠올랐다. 무기력이라는 단어에서 한 글자를 바꾸어 무중력이라고 불러 보면 어떨까. 이렇게 생각하고 나니 계속해서 영감이 솟아나왔다. 무기력이라 말할 때는 개인의 성품이나 의지에 결함이 있다는 느낌을 주지만 무중력이라는 단어를 쓰면 사회에 결함이 있다는 뉘앙스를 담아낼 수 있었다. 동시에 슈퍼맨도 어쩌면 무중력 인간일 수 있다는 식으로 무중력 청소년이 가진 창의적 가능성을 강조하기도 했다. 2012년 한 행사에서 이 이야기를 듣고 영감을 받은 박원순 서울시장이 청년들을 위해 공간을 만들었는데, 그것이 바로 서울시 청년공간 '무중력지대'다.

비정상적 개인이 아닌 비정상적 사회에 방점을 두는 개념으로서 무중력을 제안하긴 했지만, 아이들을 만나기 전까지는 솔직히 나 역시 니트나 히키코모리를 특정 부류의 사람들로 가정하고 있었던 것이 사실이다. 마음속으로는 이 프로젝트를 소수자들의 당사자 운동처럼 나와 비슷한 부족을 찾는 과정으로 인식하고 있었는지도 모르겠다. 처음엔 부족들과의 만남이 마냥 반갑기만 했다. 그런데 계속해서 다양한 아이들을 만나다 보니, 무중력 청소년이 따로 있는 것이 아니라 그냥 무중력 상태에 빠진 사람이 있을 뿐이라는 사실을 깨달았다. 물론 개인적인 성향도 중요했지만 가장 크고 결정적인 요인은 개인 밖에 있었다.

무중력 상태를 설명하기 위해서는 '사회의 중력'에 대한 이야기부터 시작해야 할 것 같다. 내가 말하는 중력이란 인력, 즉 '끌어당기는 힘attraction'이다. 만물이 서로를 끌어당기도록 되어 있듯이, 우리는 누군가 혹은 무언가의 매력에 이끌려 어떤 행위를 하게 된다. 이처럼 기본적으로 사회에는 개인이 땅 위에 발붙이고 서 있게 해주는 어떤 종류의 중력이 작용한다. 이 중력은 관계, 일, 가치라는 세 가지 요소로 구성된다. 즉 한 사람을 사회의 구성원으로 유지시키는 이 힘은 사람이나 커뮤니티의 중력일 수도 있고, 일자리나 일터라는 중력일 수도 있으며, 공유된 가치관이라는 중력일 때도 있다. 그런데 어떤 계기로 그러한 중력의 영향을 받지 않게 될 때, 사람은 사회 시스템 바깥으로 내팽개쳐져 컴컴한 우주를 혼자 둥둥 떠다니는 무중력 상태에 빠진다.

그동안의 관찰로 미루어 보자면 한 사람이 무중력에 빠지는 원인은 크게 세 가지로 볼 수 있다. 첫째는 내재적인 성향이다. 선천적이든 후천적이든 사회생활에 서투르거나 현실감이 부족한 사람들은 어느 시대에나 존재했다. 이들은 외톨이로 지내거나 은둔 혹은 방랑을 하기도 하고, 몽상 속에서 지내기도 한다.

예술가, 학자, 연예인 중에도 무중력한 사람들은 많이 있다. 다만 사회적으로 성공했기 때문에 눈에 띄고, 그들의 성향이 문제가 아닌 개성으로 인정될 뿐이다.

두 번째는 가족 등 주변 관계가 지나치게 약하거나 강해서 무중력에 빠지는 경우다. 부모의 방치, 잦은 전학 등만이 아이를 무중력하게 하는 건 아니다. 과도한 관심과 관리, 성과에 대한 높은 기대치가 주변에 가득할 경우 반발력으로 인해 공중에 뜨는 경우도 많이 있다. 대가족 비중이 높고 지역사회가 강하게 작동하던 과거와 달리 아이의 모든 삶이 부모의 책임과 관리 아래 놓이게 되면서 관계로 인한 무중력은 크게 증가했다.

하지만 내가 만나 본 사람들을 무중력에 빠뜨린 결정적인 원인은 바로 세 번째, 외부의 충격이다. 대부분 은근하거나 노골적인 따돌림, 일터에서의 변아웃, 성폭력, 신체적 학대, 감금, 부모의 이혼, 성정체성에 대한 비자발적 폭로 등 삶에서 맞닥뜨릴 수 있는 다양한 충격들이 무중력 상태에 빠지기 직전에 찾아왔다. 그리고 그 충격으로 인해 궤도를 이탈할 경우 개인의 노력으로 해결할 수 있는 여지는 많지 않았다. 이것이 내가 니트-히키코모리 문제를 '개인적 심리와 원인'을 넘어 '사회적 행위와 결과'의 차원에서 접근하는 이유이기도 하다.

만약 10년 동안 지구의 물리적 중력이 매년 5퍼센트씩 줄어든다면 무슨 일이 일어날까. 처음엔 예민하거나 몸이 불편한 사람만 어려움을 겪을 것이다. 하지만 10년이 다 될 즈음에는 사회 전체가 대혼란에 빠지게 된다. 중력은 모두에게 영향을 끼치기 때문이다. 그 10년 동안 환경을 점검하지 않고 어려움을 겪는 사람들의 개인적 특성에만 신경 쓴다면 아무 지혜도 얻을 수 없다. 반면 어려움에 빠진 사람들로부터 낮은 중력장 속에서 어떻게 행동해야 하는지를 배운다면, 우리는 낮은 레벨의 중력에도 적응할 수 있을지 모른다.

무중력이라는 단어가 니트를 일대일로 대체할 수 있는 개념은 아니다. 하지만 무중력 상태와 니트 상태의 곤란함은 많이 닮아 있다. 그중 가장 큰 것은 소속감의 문제일 것이다. 소속감을 공간적으로 상상하면 문제는 어렵지 않다. 울타리를 치고 부락을 만든 뒤 부족민들끼리 지내면 된다. 물론 울타리 안에도 중심부와 주변부가 만들어지고 울타리 밖에서 안쪽을 동경하는 사람들이 생기기는 해도, 그럭저럭 소속감을 만들어 줄 수는 있다. 하지만 문제는 시간적 소속감이다. 사회가 정주행하고 있을 때는 현재와 미래의 축 위에서 본인의 위치를 대략 자리매김할 수 있다. 반면 시대를 역주행하는 사회 속에서 아직 소속을 갖지 못한 청(소)년들은 멀미가 날만큼 당황하게 된다.

시대적 역주행이 가져온 무중력과 과압력의 공존

한국 사회에서 무중력화는 기본적으로 글로벌 신자유주의, 비물질 지식경제, 후기 근대적 위험사회 등 시대적 상황과도 궤를 같이 한다. 김윤태 교수는 사람들이 고립되고 원자화, 파편화되는 이 경향을 '사회적 인간의 몰락'이라 표현하기도 했는데, 이런 과정에서 나타나는 공통점은 '추상화 경향'이라 할 수 있다(김윤태, 2015). 사물에 내재된 고유한 물성(질량)이 사라지는 추상화의 끝이 바로 무중력 상태가 아닐까. 관계, 노동, 가치의 추상화 과정은 지역과 글로벌의 경계, 물질과 비물질의 경계, 개인과 사회의 경계를 무화시키며 모든 것의 고삐를 풀어재끼고 있다.

나는 1970년대 중반 생인데, 내 위 세대들은 사람과 일과 가치의 '과도한 압력' 속에서 살았다. 산업화 세대는 가부장적 권력이 부여하는 의무감을, 민주화 세대는 그 압력에 대한 반발력을 자신의 동력으로 삼았다. 건강한 중력이란 두 존재가 서로를 끌어당기는 힘(인력)이다. 반면 이전 세대를 지배한 과도한 압력은 한쪽이 반대쪽을 밀어내는 형태(척력)였다. 관계에서는 집단이 개인을, 일터에서는 회사가 노동자를, 가치 영역에서는 이데올로기가 실재를 과도하게 밀어붙이는 것이 일반적이었다. 1990년대 청년들은 그 압력을 벗어던지고 자유롭게 날아오르기 위해 노력했다. '포스트모던'이라는 단어가 예술에서 각종 낡은 규범들을 파괴했듯, 더 많은 자유를 열망하는 청년들은 자발적으로 노동 유연화를 꿈꾸기도 했다. 이런 관점에서 1990년대 한국 사회는 일본에서 오타쿠나 프리터가 쏟아져 나오던 시대에 비견될 수 있다. 일의 개념이 타율적 임금 노동을 넘어 자아표현적 행위, 공공적 활동으로 확장될 수 있다는 희망은 '탈노동 문화사회화' 담론에서뿐 아니라 자신을 끌어당기는 중력을 찾아 헤매던 평범한 청년들의 마음속에도 존재했다.

하지만 1997년 IMF 경제 위기를 기점으로 1990년대 청년들이 각개전투식으로 두서없이 추구했던 '자유주의 프로젝트'가 실패하고, 그 자리를 '신자유주의'가 메꾸기 시작했다. 그리고 이전의 속박을 적극적으로 해체해 가기 시작한 주체는 아이러니하게도 국가와 기업이었다. IMF 경제 위기와 함께 급물살을 탄 탈근대화, 신자유주의화, 비물질화는 사회에 존재하던 대부분의 속박을 단박에 없애 버렸다. 그런데 기존의 과압력은 자유를 억압하는 사슬이기도 했지만 동시에 사람들을 엮어 내는 안전망이기도 했다. 사회의 안전망으로 작용하던 모든 것들이 순식간에 사라져 버린 결과 자유를 찾던 청년들은 관계도, 일도, 가치도 자신을 속박하지 않는 신자유주의적인 구조 속에서 둥둥 떠다니게 되었다. 여전히 과압력 시대의 몸과 마음을 가진 기성세대들의 핍박을 받으면서 말이다.

이전의 사회적 압력은 단단한 고체 같아서 압점壓點이 비교적 분명했고, 경우에 따라 반발력을 가지는 것도 가능했다. 하지만 변화한 사회는 기체처럼 보이지 않게 전방위에서 압력을 가했기 때문에 청년들은 쪼그라들 수밖에 없었다. 권력은 넓게 흩뿌려졌고, 갈등의 원인은 어디에도 보이지 않았다. 1997년부터 2007년 사이 청년들은 '인터넷 스페이스'라는 독특한 시간성을 가진 새로운 공간으로 모여들어 그곳의 첫 주인이 되었지만,

어찌된 일인지 그 공간은 순식간에 게토화되었고, 모두의 쓸모없음에 대한 모두의 조롱만이 남아 버렸다. 이 시기의 마지막을 장식한 것은 우석훈, 박권일의 『88만원 세대』(2007)였다. 저자들의 의도와는 상관없이 이 책의 제목은 청년들의 무기로 사용되기보다 청년들에 대한 새로운 담론의 프레임이 되어 버렸고, 이후 청년 담론들은 청년을 피해자, 소수자로 위치시켜 버렸다.

물론 실질적으로는 '88만원 세대' 이전부터 이런 경향은 존재했다. 돌이켜 보면 내가 스무 살이던 1990년대 중반까지만 해도 니트는커녕 청년 실업이란 단어조차 존재하지 않았다. 일자리는 충분했고, 많은 젊은이들은 이전 세대보다 더 나은 일을 할 수 있을 거라 생각했다. 청년들은 문화의 주체이자 미래의 중심이었다. 수많은 교육과 훈련, 때로는 치기 어린 몽상마저도 미래에 대한 투자로 받아들여졌다. 하지만 1997년 IMF 경제위기 이후부터 사회는 청년들에게서 모든 기대와 투자를 회수해 버렸다. 그들에게 허락되는 것은 자신과 사회의 '미래'를 준비하는 일이 아니라 기성세대의 '현재'를 떠받치기 위한 노동뿐이었다. 그것도 아주 싼 값의 노동 말이다. 2000년대 중반으로 접어들면서 미래에 대한 투자는 투기로 바뀌어 버렸다. 새로운 시대의 노동에 대해 고민해야 할 시점이었지만, 국가는 대기업 주도의 성장률 회복과 정부 주도의 토건 사업에, 개인은 자기 계발에 베팅을 해버렸다. 그 결과 청년들에게는 자발적 착취와 비자발적 착취, 혹은 열정 착취와 냉정 착취 사이의 선택만이 남겨졌다. 타율적 임금 노동으로부터 해방되고자 했던 '탈노동'의 꿈이 불과 10여 년 만에 180도 회전해서 지속적으로 노동할 권리조차 보장받지 못하는 '비노동'의 상황으로 귀결된 것이다.

하지만 더 중요한 것은 2008년부터 2016년까지, 보수당 집권 시기 동안 우리 사회가 겪은 시대적 역주행이다. 2008년 금융위기를 필두로 세계 경제에서 우리 경제의 위치나 하부 구조가 빠르게 변화하던 9년 동안 우리 사회는 역방향의 타임 리프time leap를 겪었다. 1980년대식 일과 경제의 과도한 압력을 재소환한 이명박 정부, 1970년대식 폭력적 국가 가치를 재건하려 했던 박근혜 정부는 우리 사회의 상부 구조를 퇴행으로 이끌었다.

반면 이 시기에는 진보 지식인들 사이에서도 소위 '20대 개새끼론'이라 불리는 20대 비판론이 퍼져 나가기도 했다. 20대들이 예전보다 훨씬 더 부조리한 사회 환경을 겪고 있음에도 불구하고 정치적으로 저항하지 않는다는 비판도 있었다. 그러나 이는 민주화 세대들이 정치적 실패를 계속 겪으면서 받은 자괴감과 박탈감을 느끼면서 발화된 불똥이 애꿎은 청년 세대에게 튄 것이 아닐까. 다른 한편으로는 시대의 권력이 어떻게 작동하는지에 대한 민주화 세대의 무지 때문일 수도 있다. 민주화 세대가 청년들이 무기력하다고 지적하는 지점 중 상당수는 외부 환경을 향한 반발력에 대한 것이다. 그런데 외부 압력이 강하게 한 지점으로 모아질 때는 반발력을 크게 가질 수 있지만, 권력이 개인 내부로 들어와 문제의 책임을 개인에게 돌릴 때 바깥으로 저항력을 집중하는 것은 쉬운 일이 아니다.

2010년대 중반을 지나면서 기성세대와 청년 사이에 강한 대립 구도가 생겨났다. 그리고 그 구도의 패자는 이미 정해져 있었다. 청년들은 가정, 일터, 담론 영역에서 날마다 넘어설 수 없는 큰 산을 맞닥뜨리면서 자신들이 결코 다음 단계로 넘어갈 수 없음을 직감했다. 일간지 사회면에서 '청년 담론'이 유행한 지 10년이 지나도 여전히 청년 문제를 해결하기 위한 합의 기구는커녕 논의 구조나 담론의 틀마저 생겨나지 않았고, 마침내 청년들은 이 사회를 지옥과도 같은 '헬조선'이라 규정하고 말았다. 2015년 '헬조선' 열풍의 핵심에는 한국에서 더 이상 살기 어렵다고 결론을 내리고 적극적으로 '탈조선'을 고려하는 청년층이 존재했다. '탈조선'하는 것밖에 도무지 답이 없는 '노답(no답) 사회'에서 '이민 가고 싶다'는 말은 술자리에서의 투정이나 농담이 아닌 현실적 욕망이 되었다.* 하지만 대부분의 청년들이 실제로는 국가의 경계를 넘을 수 없으리라는 사실을 알

---

* 한 취업전문사이트가 성인 남녀 1,655명을 대상으로 '이민 의향'을 조사한 결과에 따르면, 78.6퍼센트(1,301명)가 '이민을 갈 수만 있다면 가고 싶다'고 답한 것으로 나타났다. 연령별 이민 의향은 30대(82.1퍼센트), 20대(80퍼센트), 40대(72.4퍼센트), 50대 이상(59퍼센트) 순이었으며, 대한민국을 떠나고 싶은 이유(복수 응답)로는 일에 쫓기는 것보다 삶의 여유가 필요하다(56.4퍼센트), 근로 조건이 열악하다(52.7퍼센트), 소득 불평등 문제가 심하다(47.4퍼센트), 직업 및 노후에 대한 불안감이 크다(47.4퍼센트), 국가가 국민을 보호해 주지 않는 것 같다(44.4퍼센트) 등이었다. "'못 살겠다'… 고국 등지는 청년들", 세계일보, 2016.05.18.

고 있다.

다음 단계로 넘어갈 수도 없고, 이 나라를 떠날 수도 없다. 어떤 방향으로도 이행이 불가능해진 것이다. 심리학에서는 다음 단계로 넘어가려는 이행이 지속적으로 좌절되면 제자리에 멈추는 것에 그치지 않고 퇴행으로 이어진다고 설명한다. 기성세대 대부분은 '절대 무리하면서 살고 싶지 않다'고 반복해서 되뇌는 듯한 요즘 청년들에 대해 퇴행적인 삶의 태도라 비난한다. 산업주의적 가치의 잣대에서 보면 그렇게 생각할 수도 있다. 하지만 이 시점에서 기성세대는 개별 청년들을 평가하는 역할을 잠시 멈추고, 그들의 이행을 막고 있는 요소가 무엇인지 혹은 그 방향으로 이행하는 것만이 옳은지를 고민하기 시작해야 한다.

어린 자녀를 둔 부모들은 앞으로 올 세상이 너무나도 무섭다고 심각하게 이야기한다. 기후 변화나 자동화 등이 가져올 상황들은 전쟁과 기아처럼 전통적으로 인류가 경험하고 대처했던 재난이 아니기 때문에 더 불안할 수밖에 없다. 인간이 기계와의 연결을 통해 사이보그로 진화할 것이라는 주장까지 나오는 걸 보면(하라리, 2015), 문명이 전환기에 놓였다는 말이 단순한 수사가 아님을 실감할 수 있다. 개인들은 이행이 막혀 있지만 사회는 빠르게 나아가고 있다. 그리고 우리는 그 방향과 속도조차 가늠하지 못한다. 이런 상황에서 개개인이 기력이 있네 없네 따지는 것은 모래 폭풍이 밀려오는 사막에서 조개를 주우려는 태도나 다름없다.

가까운 미래에 무업사회 또는 최소한 노동 기회조차 현저히 축소되는 사회가 도래할 가능성이 높다고 볼 때, 오랫동안 '퇴행한 낙오자'로 취급받아 온 비노동 상태의 개인들, 즉 니트는 이러한 문명의 전환 과정을 조금 더 앞서 경험했을 뿐일지도 모른다. 일자리 소멸 시대의 비노동 상태, 네트워크 속의 고립감, 현실을 초월한 가상세계로의 몰입 등 우리 모두가 앞으로 맞이할지도 모르는 낯선 삶이 그들에겐 이미 익숙한 일상이다. 『사피엔스』의 저자 유발 하라리Yuval Noah Harari는 가디언지에 기고한 글에서 2050년경 새로운 '잉여계급useless class'이 탄생할 것이며, 이들은 하루 종일 3D 가상현실 게임을 하고 있으리라고 예측한다.* 실업자unemployed가 아니라 고용될 수 없는unemployable 대중이 탄생하는 무업사회에서 인생의 의미는 어떻게 변할 것인가. 무중력 청년이 아니라 무중력 시대를 걱정해야 하는 것처럼 우리는 구직 단념 니트가 아니라 노동 없는 사회를 고민해야 하는 시점에 놓여 있다.

---

* Yuval Noah Harari, "The Meaning of Life in a World without Work", The Guardian, 2017.05.08.

이행하지 못하는 사회, 이행하지 못하는 개인

당신이 생각하는 진로는 더 이상 진로가 아니다

니트 상태의 개인은 여러 가지 문제를 겪는다. 그중에서도 가장 큰 곤란함은 진로가 꽉 막혀 있다는 점이다. 그런데 지금 '진로 멘붕'에 빠진 건 이들만이 아니라 사회 구성원 전체다. 진로 개념 자체가 바뀌고 있기 때문이다. 사실 이런 흐름이 시작된 것은 이미 오래됐지만, 대중의 불안감이 폭발한 계기는 이른바 4차 산업혁명이라는 단어가 대중화되면서부터가 아닐까 싶다.

내가 일하고 있는 하자센터의 정식 명칭은 '서울시립 청소년 직업체험센터'다. 진로 교육에 관련된 기관이다 보니 최근 화제가 되고 있는 4차 산업혁명에 대해 관심을 갖지 않을 수가 없다. 기술주의에 대한 환상으로 노동자들의 교섭력을 약화시키기 위해 고안된 실체 없는 음모라는 회의론*부터 인간이 육체 노동에서 해방되는 유토피아가 올 것이라는 낙관론(KAIST문술미래전략대학원·이민화, 2017)까지 다양한 스펙트럼이 존재하지만, 어떤 방향으로든 4차 산업혁명은 이 사회의 진로에 대한 관념과 관점을 빠르게 바꿀 것으로 예상된다.

한국의 진로관은 '개인이 교육·훈련을 통해, 직업을 가져서, 성공한다'는 구조로 이루어져 있다. 이 구조를 전제로 어려서부터 진로 적성을 파악하고, 학력 등 자격을 취득하거나 여러 가지 교육 과정을 통해 직능을 계발한다. 그리고 사회 전체의 효율성을 위해 각 단계에서 능력 있는 인재를 선발하는 경쟁과 시험이 존재한다. 한국 사회에선 이게 진로다. 그리고 교육이다. 특히 학부모 입장에서는 거의 유일한 진로관이다. 그런데 강의를 하면서 학부모들에게 이런 과정이 실제로 작동하고 있다고 생각하느냐고 물어보면 그렇다고 대답하는 경우가 거의 없다. 전공을 살려 취업하는 비율이 얼마나 되는가. 경쟁과 선발을 통해 과연 좋은 인재가 확보되는가. 첫 직장은 일머리를 키워 주는가. 그리고 마지막으로 이 사회는 지속적으로 일터를 제공할 수 있는가. 이 질문들에 모두 부정적인 답을 할 수밖에 없다면, 지금은 진로를 어떻게 개발해야 하는가가 아니라 진로 자체에

---

* 이런 논의는 채효정이 오늘의 교육(39호)에 쓴 「4차 산업혁명론과 미래 없는 미래」에 잘 정리되어 있다.

대해 걱정해야 할 때다.

어떻게 보면 모라토리엄 상태에 이른 것은 개개인의 진로뿐만이 아니라 결과 중심적인 진로관 자체일 수도 있다. 진로가 모두 함께 결승점을 향해 달려가는 100미터 달리기 같은 것이라면 이제 더 이상 아무도 행복해질 수 없다. 열심히 뛰어갔는데 갑자기 지각 변동이 일어나서 결승점이 옮겨지거나 사라져 버리는 문명 전환기에 우리가 서 있기 때문이다. 이런 시기에는 빠르게 뛰는 것보다 커브를 잘 도는 능력이 중요하다. 언제 속도를 낮추고 옆을 살펴야 할지 아는 감각 말이다. 이런 의미에서 미래 진로 역량의 핵심은 '전환력'이라 할 수 있다.

그런데 그 전환력은 자신과 사회에 대한 신뢰가 있어야만 얻을 수 있다. 청소년들이 겪는 동기화의 위기는 그들 안이 아니라 밖에서 자라난다. 길이 막힌 것 같아도 스스로 다음 단계로 넘어갈 수 있다는 믿음, 저 너머에 보다 좋은 것이 펼쳐져 있을 것이라는 믿음이 없으니 자꾸 길가에 풀썩 주저앉는 것이다. 기성세대의 과제는 이들의 등을 떠미는 것이 아니라 잠시 멈춰 옆을 보아도 괜찮다며 신뢰를 주는 일이다.

진로나 인생은 100미터 달리기가 아니다. 고행 같은 마라톤도 아니다. 진로는 로드 무비다. 결말에 무엇을 얻어 내거나 이기는 것이 중요한 게 아니라 함께 가는 것 자체가 행복하고 의미 있는 것이다. 사회는 청소년들이 다음 단계로 이행하는 과정에서 경험하는 모든 것들이 성장에 도움이 된다는 메시지를 발신하면서 길 위에 있는 장애물들을 함께 제거해 주면 된다. 그것이 개인의 진로 불안을 없애기 위해 기성세대가 힘써야 할 일이다.

청년의 진로에 대해 이야기할 때마다 내 머릿속에는 1994년에 일어난 비극적 사건, 끊어진 성수대교의 이미지가 떠오른다. 고성장 산업주의 시대까지는 사회가 제시한 진로가 굳건하게 기능을 했다. 열심히 뜀박질한 끝에 남들보다 다리를 먼저 건너 성공을 뽐내는 사람도 있었고, 부모가 내어 준 인력거를 타고 손쉽게 건너는 사람도 있었고, 가난을 등에 업고 있어 느리게 건너는 사람도 있었다. 그래도 누구나 계속 걸으면 그 다리를 건널 수 있었다. 최소한 그럴 것이라고 모두 믿었다. 그래서 지긋지긋한 가난이 자리 잡고 있던 다리의 북단에서부터 풍요와 행복이 기다리는 남난을 향해, 모두들 묵묵히 걷었다.

그런데 어느 날 갑자기 다리 중간이 툭 끊겼다. 이제는 부모로부터 헬리콥터나 보트를 제공받는 청년들만 다리를 건너 미래로 향할 수 있게 되었다. 반면 남겨진 청년들 중에 많은 이들이 앞으로 가기를 멈추고 끊긴 다리 앞에서 멍하니 아래를 내려다보고 있다. 왜 멍하니 서 있을까? 이유는 간단하다. 진짜로, 건널 수가 없기 때문이다. 이것이 우리나라 청년들이 처한 현실이다. 그럼에도 불구하고 기성세대는 왜 열심히 뛰지 않느냐고, 다리가 무너졌으면 헤엄을 쳐서라도 건너야 하지 않느냐고 윽박지른다. 섣불리 뛰어내렸다가는 거친 물살에 휩쓸려 사라질

지도 모르는데 말이다.

'걷어 차인 사다리' 비유가 세대 간 기회의 불균형에 초점을 맞추고 있다면, '끊긴 다리' 비유는 여기에 산업구조의 모순을 추가한 경우이다. 산업과 문명 자체가 완전히 다른 방향으로 이행하는 시대에 이르렀고, '진로'라는 다리가 끊겨 버렸는데도 다리를 고치거나 새로 짓지 않고 계속 그 (있지도 않은) 길을 가라고 하는 것이 우리나라의 진로 문제에서 가장 큰 문제다. 문제를 만들어 내는 근본 원인은 직업 세계로 이행하지 못해 머뭇거리는 개인들이 아니라, 산업화의 다음 단계로 이행해야 하는 상황에서 이행하지 않고 있는 사회 자체인 것이다.

보통 진로를 길 찾기에 비유한다. 길을 찾기 위해서는 지도와 나침반, 혹은 GPS 수신기가 필요하다. 그런데 만약 지각이 변동하고 있다면 이런 것들이 무슨 소용일까? 내가 지금 노력해서 얻은 역량이 20년 후에 쓸모없어진다면 그래도 당장 뭐라도 하는 게 나을까, 아니면 아무것도 하지 않는 게 나을까? 인공지능 의사와 변호사와 회계사가 상용화될 것이 거의 확실시되는 지금, 그 직업을 꿈꾸는 10대는 도대체 무엇을 준비해야 할까?

기술이 획기적으로 발전하는 문명 이행기에는 당연히 많은 직업들이 사라진다. 저성장, 인구절벽, 기술 빅뱅, 로봇화와 인공지능 등(선대인, 2017) 이미 뚜렷하게 나타난 변화 속에서 10년 후에도 끄떡없을 직업을 찾는 것은 무의미하다. 태풍이 오고 있을 때는 부두를 떠나지 않는 것이 안전하고 투자 수익률이 굉장히 낮을 것이 예상되면 새로운 투자를 하지 않는 것이 상책이듯, 오늘날 청년들이 진로를 유예하고 앞으로 움직이지 않으려는 경향은 매우 합리적인 판단이 아닐까. 이것이 앞으로 나아가기를 유예하는 '진로 모라토리엄'이 흔해지는 진짜 이유다.

이는 우리 사회가 지켜 온 낡은 진로관을 버려야 할 시점이 왔다는 것을 의미한다. 개인이 노력해서 좋은 직업을 갖고 성공하면 행복해진다는, 수십 년간의 믿음을 잠시 휴지통에 버리고 시야를 넓혀 보는 것은 어떨까. 청년들이 직업 세계로 이행하지 못하는 것은 그들을 가로막는 단단한 벽이 있어서라기보다 도움닫기할 만한 단단한 땅이 없기 때문이다. 그런데 그 땅, 즉 기반은 개인이 만들 수 있는 것이 아니다. 지금까지는 언제나 사회가 만들어 왔고, 때로는 다음 세대에게 조건 없이 나누어 주었다. 사회 전체의 발전을 위한 '투자'로서 말이다.

언젠가 하자센터에서 같이 일하던 시스가 "이제는 개인의 진로가 아닌 사회의 진로를 얘기할 때"라는 말을 꺼낸 적이 있었다. 처음 들었을 땐 그냥 그런가 보다 했는데 곱씹을수록 맞는 말이었다. 세계경제포럼WEF의 「2017 글로벌 인적 자본 보고서」에 따르면 한국의 인적 자본 중 15~24세 개인의 문해 능력과 산술 능력은 100점 만점으로 130개국 가운데 1위를 차지했다. 반면 사회의 인적 자원 배치 부문은 하위권을 차지했다. 15~24세의 노동 참여율은 28.1점으로 120위, 25~54세의 노동 참여율 역시 101위에 그쳤으며, 25~54세의 남녀 고용 성별 격차는 85위에 머물렀다(World Economy Forum, 2017). 역시 문제는 개인이 아니라 사회였던 것이다. 개인 중심 진로 개념의 맹점을 뛰어넘기 위해서는 이제부터 사회의 진로에 대해 고민하기 시작해야 한다. '이 사회는 미래에 어떤 모습을 할 것인가', '청년들이 지나치게 불안하지 않도록 어떤 기본선을 지켜줄 것인가','다음 단계로 넘어갈 수 있도록 어떤 기반을 마련해 줄 것인가'. 스스로의 진로에 대해 고민하지 않는 사회는, 다음 세대에게 제대로 된 삶의 기본과 기반을 제공할 수 없다.

엄밀히 말하면 니트는 최근에 나타난 현상도 아니고 청년들만이 겪고 있는 문제도 아니다. 하지만 거꾸로 니트 문제를 통해서 이 시대 청년 문제의 핵심을 알 수 있을지도 모른다. 그만큼 니트는 많은 모순들이 드라마틱하게 드러나는 장이기 때문이다.

그렇다면 청년이란 무엇일까. 장년, 중년, 노년과 달리 청년은 정의하기가 무척 어렵다. 그것은 청년이 '현재의 상황이나 과거의 축적에 의해 나타난 결과'라기보다 '미래의 가능성을 품은 상태'에 가까운 개념이기 때문이다. 가능태, 즉 씨앗 상태이기 때문에 나중에 푸른 열매를 맺을지, 금세 썩어 문드러질지 장담하기가 매우 어렵다.

이렇듯 청년 문제의 본질은 '확장적 시간성'에 있다. 다시 말해 청년기는 과거와 미래로 확장해서 사고해야만 의미를 알 수 있는 시기다. 늘 미래의 가능성을 품고 있고, 때로는 현재를 미래로 유예시키기도 하며, 단념하고 과거에 머무르기도 한다. 그래서 일본의 청년정책은 한국처럼 청소년과 청년을 분리하지 않는다. 청년 개인이 가진 문제는 이미 청소년기에 시작될 확률이 높기 때문이다. 반면 한국에서는 청소년과 청년의 기준 자체가 매우 모호하고 제각각이며, '청소년계'와 '청년계'가 거의 교류하지 않는다. 한국 사회에서 청소년은 교육과 보호의 대상으로 인식되는 반면, 청년은 기본적으로 '성인'의 범주에 속한다. 다시 말해 성인은 스스로 문제를 해결하는 것이 당연시되어 왔기 때문에 청소년과 청년을 분절적인 대상으로 인식하는 것이다. 하지만 대학 진학률이 70퍼센트에 달하고 대졸자의 취업 시기가 20대 후반임을 생각하면, 그리고 100세 인생을 대비하는 진로 역량을 갖추는 시기가 20대임을 감안하면 20대 청년에게도 19세 미만 청소년처럼 어느 정도의 지원과 보호, 투자가 필요하지 않을까.

개인의 생애사적 시간을 넘어 '사회적 시간' 역시 청년에게 중요하다. 청년은 언제나 시대의 첨단, 즉 뾰족한 바늘 끝에 서 있는 존재다. 그래서 새로운 트렌드를 빨리 받아들이기도 하지만 사회의 나쁜 기운에도 가장 민감하게 영향을 받을 수밖에 없다. 그러면 지금의 청년들은 어떤 사회적 기운을 느끼고 있을까. 최근 인터넷 공간을 뒤덮고 있는 '권위주의적이고 폭력적인 조직 문화'에 대한 조롱과 자조라든지 '여성 혐오'라는 개념을 둘러싼 젠더 이슈들을 바라보고 있자면, 이 모든 문제들이 왜 1990년대에 해결되지 못하고 2010년대까지 이어지고 있는지 책임감을 넘어 자괴감이 느껴질 정도다. 이 답답함의 본질은 사회의 하부 구조가 탈산업사회로 이동하는 동안 상부 구조는 산업사회에 머물러 있기 때문이다. 윗도리는 멈춘 채로 아랫도리만 앞으로 나아가다 보니 일본 공포영화에 나오는 허리가 뒤로 꺾인 괴물이 되어 버린 판국이다.

이를 '문화 지체'라 말하는 사람도 있지만 오히려 '과거 충격'이라 부르는 게 맞지 않을까 싶다. 사회가 너무나도 빠르게 과거로 회귀하는 바람에 새로운 세대가 멀미와 신경증을 일으키고 있으니 말이다. 1980년대 한국 교육이 종종 '19세기 교실에서 20세기 교사가 21세기 아이들을 가르친다'는 문구로 비판받던 것처럼, 진근대적 방식으로 산업사회의 리더들이 탈산업사회적 일터를 이끌고 있는 것이 우리의 현실이다. 이렇게 이 시대의 청년들은 일터에서 날마다 죽은 지 한참 지난 과거 시대의 좀비들을 맞닥뜨리면서 내상을 입는다. 어쩌면 '마찰적 실업'을 유발하는 핵심 요인은 희망의 격차가 아닌 시대의 격차일지도 모른다.

비노동사회, 일자리 소멸을 준비할 때

니트는 공부와 일, 학교와 사회 사이에 갇힌 사람이라 할 수 있다. 그런데 문제가 발생되는 지점이 교육에서 노동으로 이행하는 '사이'에 위치하기 때문에 양쪽 모두 책임을 지지 않는다. 산업주의 시대에 머물러 있는 우리의 교육과 채용 시스템 속에서 '니트'란 단지 이쪽 컨베이어 벨트에서 저쪽 컨베이어 벨트로 옮겨 가다가 바닥에 떨어진 채 잊힌 불량품을 부르는 단어처럼 느껴진다. 기성 노동 운동의 입장에서도 니트는 연대할 필요도 없고 연대할 방법도 없는 개별 비경제 활동 인구일 뿐이다. 이렇게 교육계와 기업계, 노동계 모두 오랫동안 니트를 외면해 왔고, 드러내지 않은 채 모두가 괜찮다고 생각해 왔다. 이런 의미에서 니트는 산업주의적 성장이 불가능해진 시대임을 직면하고 나서야 비로소 눈앞에 나타난 비밀 잉크 같은 존재다.

일본의 니트 지원 기관 소다테아게넷의 대표 구도 게이는 누구나 무업 상태가 될 가능성이 높음에도 불구하고, 한 번 무업 상태에 처하면 빠져나오기가 힘든 사회를 '무업사회'라 정의한다(구도 게이·니시다 료스케, 2015). 지나치게 오염된 '니트'라는 단어 대신 '무업자'라는 개념을 내세워 일반 청년과 니트와의 연결점을 찾고 있는 것이다.* 그들은 현재의 어려움에 대해 얘기하고 있지만, 나에게 '무업사회'는 문자 그대로 일자리가 없어

---

* 아이러니하게도 실제 일본은 완전고용사회에 가깝다. 2016년 봄에 대학을 졸업한 학생 중 74.7퍼센트가 취업했으며, 그중 71.3퍼센트가 정규직이었다. 전체 졸업생이 아닌 취업을 희망한 사람을 기준으로 하면 취업률은 97.3퍼센트에 달한다. "한국은 실업천국인데, 일본은 취업천국… 대졸자 75퍼센트 취직", 헤럴드경제, 2016.08.05.

지는 가까운 미래 사회를 연상시켰다. 알고리즘과 로봇에게 일자리를 빼앗긴 디스토피아적 미래, 대부분의 사람들이 일자리를 얻는 것 자체가 거의 불가능한, 노동보다 비노동 상태가 지배적인 사회 말이다.

그런데 얼마 지나지 않아 이런 디스토피아적 상상에 현실감을 부여하는 사건이 일어났다. 바로 알파고의 등장이다. 2016년 봄, 한국 사회는 알파고와 이세돌의 대국을 지켜보며 불가능하다고 믿었던 일을 가능하게 만드는 인공지능의 강림을 목격했다. 인공지능이라는 존재의 의미(혹은 그것이 존재인지 아닌지에 대한 질문)와 그로 인한 미래 세계의 변화를 지금 명확히 추측하기는 쉽지 않다. 다만 이 사건이 사농공상의 틀 안에서 바둑과 같은 고난이도의 지식 노동을 신격화해 온 한국인들에게 굉장히 강한 인상을 남겼다는 것은 확실하다. 그리고 그 강렬한 인상 속에 내포된 메시지는 앞으로 인류가 훨씬 더 빠르게 새로운 시대로 이행할 것이라는 사실이다.

사농공상 직종 차별의 망령이 아직도 사라지지 않은 한국에서는 대기업 화이트칼라 이상이 되느냐 아니냐에 따라 인간의 '귀천'이 나뉜다. 그리고 동시에 제조업 노동자 1만 명당 로봇 도입 대수가 531대로 세계 1위를 차지한다.* 그런데 슬프게도

---

* 국제로봇협회(IFR)가 발표한 2016년 자료와 2017년 3월 17일 자 한겨레신문 "'로봇 도입률 1위' 한국은 자동화에 더 안전할까?"(구본권) 기사에서 재인용함.

앞으로 인공지능은 사무직 화이트칼라를 가장 먼저 대체할 것이라 한다. 지금도 대다수의 '흙수저'* 청년들은 로봇조차 하기 어려운 육체노동이나 프로그램으로 수행하기 귀찮을 만큼 잡다한 사무노동에 투입된다. 기술이나 노하우 축적이 필요한 일자리들은 이미 자리를 잡은 기성세대나 바늘구멍을 통과한 소수의 청년에게만 제공된다. 일반 청년들에게 남겨진 일들은 아무리 시간이 흘러도 자신의 가치를 높일 수 없는 성격의 노동뿐이다. 오히려 기계보다 자신의 노동 가치를 지속적으로 낮춰야만 생존할 수 있을지도 모른다.

노오력** 끝에 화이트칼라나 골드칼라 등의 지위를 획득했다고 해서 문제가 해결되는 것도 아니다. 지식노동은 근본적으로 질적인 노동이고, 그 노동을 평가하는 질적 가치와 척도에 의해서만 구동된다. 그런데 우리 사회에 그 가치와 척도가 제대로 존재하는가에 대해 나는 매우 회의적이다. 가치와 척도가 부재한 지식노동은 구호로만 기능할 뿐이다. 능력과 성과를 측정하는 질적 기준이 명확하게 정의되지 않은 일터에서 능력주의는 주로 낮은 직급의 청년들에게만 실질적 압력으로 작동한다. 오랜 기간 몸으로 체득해야 하는 제조업 숙련노동 분야에서는

---

* '금수저'와 상반되는 개념으로, 부모로부터 경제적인 도움을 전혀 받지 못하는 자녀를 지칭하는 신조어(네이버 오픈사전)

** 노력보다 더 큰 노력을 하라는 말로 사회가 혼란하니 보통 노력 가지고는 되지도 않는다는 것을 풍자한 말(네이버 오픈사전)

기성세대와 경쟁이 안 되고, 새로운 영역의 지식노동은 기성세대로부터 인정받기가 어렵다.

최태섭은 저서 『잉여사회』에서 이러한 경향은 이미 대다수 청년들에게 미래가 아닌 현재라고 말한다. 그는 '팔 수도 없고, 노동을 시킬 수도 없으며, 소비자로도 부적절한 어떤 존재들'을 '잉여'라 지칭하며, 이들의 존재론적 위상을 '좀비'와 '유령'으로 표현한다. 1세계 경제를 떠받치기 위한 3세계의 구조적 빈곤과 1세계 내부의 이윤 증대를 위한 구조조정은 잉여를 낳는 필요조건이다. 구조조정이 자본의 열망이 된 사회에서 생산하는 인간은 더 이상 필요하지 않다(최태섭, 2013). 소비하는 인간만을 필요로 하는 세계에서 결국 청년에게 남는 것은 빚뿐이다. 이러한 거대한 흐름 속에서 '내가 아무리 노력해도 의미 없다!'라는 무력감에 빠지는 건 어쩌면 당연한 일이다.

청년들이 다음 단계가 보이지 않는다고 느끼는 것은 넓게 보면 이 사회에 끼어 있는 실질적인 먹구름 때문일지도 모른다. 영어로 '경기 침체'와 '우울증'은 같은 단어depression를 쓴다. 저성장 시대에 우울과 무기력이 지배적 정서가 되는 것은 너무나 당연한 일이다. 이유 없이 찾아오는 '느낌'이 아니라, 사회구조 자체가 주는 집합적 우울감인 것이다.

4차 산업혁명으로 2020년에는 현존하는 일자리의 절반이, 2030년에는 80퍼센트가 소멸한다는 등 여러 가지 예측들이 쏟아져 나오고 있다. 하지만 일자리의 소멸은 이미 3차 산업혁명

때부터 예견되어 왔다. 물론 소멸하는 일자리가 있는 대신 새로 생겨나는 일자리도 있겠지만, 양쪽의 속도는 같을 수 없다. 기본적으로 세계를 구성하는 많은 것들이 노동과 비용이 필요하지 않은 비물질 경제 영역에 편입되고 있기 때문이다. 물질의 한계를 벗어나 비트의 세계에 존재하는 상품들은 한계생산 비용이 제로에 가까워진다. 생산량에 비례해서 생산에 투입되는 인력, 즉 일자리가 늘지 않는다는 얘기다. 이 땅에서 4차 산업혁명 이후 일자리 소멸 사회가 도래한다면, 최고 유망 직업은 '니트'가 아닐까.

인공지능이 비약적으로 발전해 인간의 능력을 뛰어넘는 '특이점singularity의 사회'*가 올 가능성까지 언급하지 않더라도, 현재의 경제구조를 10년 후나 20년 후까지 지속할 수 없음은 명백한 사실이다. 그렇다면 이런 '일자리 소멸' 혹은 '노동 없는 미래'라는 경향성을 어느 정도 기정사실로 받아들여야 하는 것이 아닐까? 지금은 자본주의 경제 체제가 다음 단계로 전환하고 있는 이행기이다. 여기서 중요한 것은 몇 년 후에 몇 백만 명의 일자리가 사라지느냐가 아니라, 산업화 시대의 가치, 사람, 일에 대한 관념에서 벗어나지 않으면 어떤 논의도 의미가 없다는 사

---

* 레이 커즈와일은 저서 『특이점이 온다』에서 2029년경 이전의 세상과 단절되는 특이점의 사회가 올 것이라고 주장했다. 그때가 되면 대부분의 직장 업무가 모바일과 인공지능에 의해 수행되면서 인류 문명에 근본적인 변화가 일어난다고 그는 예측했다.

실을 깨닫는 것이다. '고용 중심 경제 시스템'이 더 이상 예전처럼 기능하지 않는다는 사실은 여러 영역에서 확인되고 있다. 앞으로 도래할 '탈고용 경제 체제post employment economy system'에서는 노동하는 사람보다 노동하지 않거나 못 하는 사람이 더 많아질 가능성이 높다. 니트는 어쩌면 이러한 '비노동사회'를 남들보다 조금 먼저 살고 있을 뿐인지도 모른다. 지금 당장은 청년 실업이 커다란 파도처럼 보이지만, 머지않은 미래에 닥쳐올 진짜 쓰나미는 청년의 비노동이다.

문제는 우리가 비노동 상태를 너무 두려워하거나 혐오한다는 점이다. 소위 '니트족'이라 불리는 사람들에 대한 반응은 '비노동 포비아'라 할 수 있을 만큼 비이성적이다. 기성세대뿐 아니라 청년들조차 '노동하지 않는 상태'에 빠지는 것이 두렵기 때문일 것이다. 이는 생물학적 생존을 위한 물적 자원도 사회적 생존을 위한 존재감도 모두 고용노동을 통해서만 얻을 수 있다고 생각해 온 고용사회의 영향이다.

누군가에게는 현재의 '노동'을 지키고 보호하는 것이 아직 중요하지만 다른 누군가에게는 이미 '비노동'이 기본값default처럼 되어 버렸다. 노동의 탈고용화 경향을 거스를 수 없다면, 고용사회 이후의 탈고용 비노동사회에 대한 고민을 시작해야 하지 않을까. 기성세대는 더 이상 능력도 없으면서 문제를 해결할 수 있다는 태도로 일관하지 말아야 한다. 자신들이 답을 갖고 있지 않음을 인정하고, 제대로 된 질문을 시작할 시점이 왔다.

어디에나 있지만, 어디에도 존재하지 않는 청년들

그렇다면 다시 한 번, 한국에서 니트는 어떤 방식으로 정의되고 있는지 되돌아보자. 지금 우리 사회가 평균적으로 인식하는 니트의 모습은 '부모의 등골을 뽑아 가며 놀고먹는 자식'의 이미지다. 실제로 니트에 대한 통계가 발표될 때마다 대부분의 신문에는 '놀고먹는 니트족 백만 명…'과 같은 제목의 기사가 실렸다. 학계로 넘어가면 노동, 심리, 문화의 입장에서 각각 다른 견해들이 존재한다. 교육학이나 청소년학에서는 니트를 주로 직업 세계로의 이행을 실패한 자로 본다. 심리학에서는 적응 장애, 대인기피 등의 관점이 거론된다. 문화학이나 사회학에서는 세대 간 문화 충돌이나 하위 문화 집단 정도로 생각한다. 하지만 이런 시각들을 모두 꿰뚫는 의견은 나오지 않았다.

그럼 이 책은 니트를 단박에 설명할 수 있는 종합적인 이론을 제시할 수 있을까? 정반대다. 이 책의 요지는 이렇게 탈도 많고 허술한 니트라는 개념을 버리자는 것이다. 모순투성이에다가 실재를 반영하지도 못하며 편견만을 양산하는 이 개념을 붙들고 있을 이유가 없다.

니트 개념을 버려야 하는 핵심적인 이유는 '마음이 위험해진 주류 청년들의 출현'이다. 조금 과장해서 말하자면, 한국에서는 니트보다 니트가 아닌 청년들이 더 큰 문제라고 할 수 있다. 그들이 더 불행하고, 그들이 더 위험하며, 그들이 사회에 대해 더 과격하게 회의적이다. 니트-히키코모리는 미래를 유예하면서 살지만 니트가 아닌 청년들은 오히려 미래에 붙들려 산다. 일반 청년들에게는 지옥 같은 미래가 이미 현재에 딱 붙어버린 채 수많은 명령을 내리고 있기 때문이다. 히키코모리 청소년만큼이나 학교를 다니는 청소년들도 외롭다. 또한 일을 하지 못하는 청년보다 일에 질려 버린 청년이 더 괴롭다. 이 사회에서는 대기업 정규직이라는 바늘구멍을 뚫은 청년마저도 극도의 불안과 분노를 느끼며 살아간다. 이러한 불안과 분노, 회의주의, 피해의식과 자기 파괴 본능 등은 청년들 사이에서 지배적인 감정 구조가 되고 있다. 그리고 그들은 때때로 심리적, 신체적, 사회적으로 자신을 망가뜨리는 방향으로 나아가기도 한다. 이러한 변화의 속도는 분석이나 대비가 불가능할 만큼 엄청나게 빠르다. 불과 5년 전만 해도 한국 사회의 청년 다수가 이러한 절망감을 가지리라고 아무도 상상하지 못했다. 늘 그렇듯 어떤 문제를 이해해서 설명하기도 전에, 알 수 없는 다른 문제가 떠오르는 게 이 나라다.

우리가 일본식의 니트 개념을 아무 고민 없이 사용해서는 안 되는 이유는, 한국 사회에서 니트의 존재가 독특한 맥락을 지니고 있기 때문이다. 니트라는 용어를 만들어 낸 영국을 비롯한 서구에서 니트는 주로 경기 침체와 청년 일자리 감소에 의한 경제적 현상으로 여겨진다. 이들에게 니트란 수십 년간 이어진 청년 실업이 고착화되고 심화된 결과일 뿐이다. 그리고 실제로 서구의 니트는 차라리 거리를 배회하면서 사회 문제를 일으킬지

언정 자기 탓을 하며 집안에 처박혀 있지는 않는다. 반면 일본의 경우는 교육, 세대, 관계 요인에 의한 사회문화적 현상으로 받아들여진다. 사회관계, 특히 또래 관계와 가족 관계가 니트화의 큰 원인이기 때문에 니트화가 지속되면 자연스럽게 히키코모리와 비슷한 상태인 '고립-무위형 니트', 즉 사회와 관계를 끊은 채 아무 일도 하지 않는 니트가 되어 버린다. 한국의 니트는 이 두 가지 성향이 강하게 상호작용하는 경제-사회문화적 현상이라 할 수 있다. 노동의 파괴적인 유연화와 사회적 관계망의 해체가 동시에 급격히 심화되던 시기에 니트가 증가했기 때문이다. 이렇게 복합적인 성격을 가진 어려운 개념임에도 불구하고, 아직도 우리 사회는 니트에 대해 문제 해결은커녕 이 현상이 어떤 의미를 가지고 있는지에 대한 담론적 합의조차 하지 못했다. 고립에 대해서도, 무위에 대해서도 사회적 맥락이 형성되기 전이었기 때문에 그저 병리적 현상으로 치부되거나 비가시화되고 만 것이다.

'준비생 계급'이라고 부를 수 있을 만한 한국의 독특한 선발 시스템도 니트와 청년 일반을 구분하기 어렵게 만들고 있다. 도제 시스템과 달리 준비생은 지식과 기술을 습득하는 기간에 드는 비용을 대부분 개인이 부담한다. 또한 절대평가가 아닌 상대평가를 앞두고 있기에, 무엇이 되기 위한 과정에 있는 것이 아니라 '무엇이 되기 전의 상태'에 머무른다고 할 수 있다. 따라서 준비 기간에는 '존재 의미와 소속감에 대한 불안'을 지니고 살 수밖에 없다. 아이돌 연습생은 이 준비생 시스템이 극단적으로 드러나는 예일 뿐이고, '열정 페이' 논란이 끊이지 않는 문화예술 직종부터 대기업 인턴이나 공무원 고시생(공시생)까지, 청년들은 언제나 예비 존재, 소속되지 못한 존재, 스스로를 증명해야 하는 존재라는 점에서 준비생 계급이라 할 수 있다.

하지만 뭐니 뭐니 해도 준비생 계급의 '끝판 왕'은 니트다. 내가 지켜본 니트 상태의 개인들은 끊임없이 무언가를 시도하고 있었다. 심지어 은둔에 가까운 생활을 하고 있는 경우에도 말이다. 비공식 영역에서도 노동을 준비하기 위한 훈련을 계속하고, 언젠가는 스타가 되겠다는 꿈을 꾸기도 하고, 하다못해 다이어트라도 하고 있다. 그러니 통계상에는 니트로 잡히지만 실생활에서는 계속해서 무엇인가를 하고 있는 '준비생'으로 존재하는 것이다. 니트가 백 몇십만 명이라는 통계상의 숫자로만 존재할 뿐 실제로 만나 보았다는 사람이 거의 없는 이유가 바로 이 때문일지도 모른다. 유예하고 준비 중인 상태가 워낙 일반적이기 때문에 니트 개념이 모호해지고, 그렇다 보니 스스로 니트라고 인정하는 사람이 적다. 인터뷰 대상자를 모집하기가 어려워서 심층연구가 이루어지지 않고, 이렇게 모호한 대상으로 남아 있다 보니 계속해서 니트 개념에 대한 사회적 합의가 이루어지지 않고 있다. 이렇게 해서 니트는 '어디에나 있지만 어디에도 존재하지 않는' 사람들이 된 것이다.

통계상으로 한국 청년의 상당수가 일정 기간 동안 니트 상태를 경험함에도 불구하고 니트에 대한 보도나 연구는 언제나 '소수자' 관점으로 접근하고 있다는 것도 모순이다. 마치 돌부리에 걸려 넘어지는 청년들이 많아지고 있는 상황에서 '어떤 돌부리가 왜 거기에 있으며 그것을 어떻게 제거할 것인가'에 대해 질문하기보다 '이 정도 작은 돌부리에 넘어지다니, 도대체 이 청년들은 무엇이 문제인가'에만 집중하는 것과 다름없다. 이런 잘못된 접근 방식 때문에 니트 연구는 언제나 반쪽짜리가 되고, 실제 극단적 위기에 놓인 고립-무위형 니트 청년들의 문제에는 접근조차 할 수 없었던 것이다. 따라서 니트가 소수자 문제이면서 동시에 소수자 문제가 아니라는 이중성을 직면하고, 니트를 청년 문제의 일부분으로 접근하기보다 청년 문제 일반으로 확대해야만 핵심에 조금이나마 가까이 다가갈 수 있을 것이다.

다른 한편으로 '노동하지 않는 비노동 상태'에 대한 전제 자체가 시대에 뒤떨어진 것은 아닌지도 의심해 보아야 한다. 앞서 말했듯 고전적 시각으로 보자면 청년 실업과 니트 현상은 학교-직업 세계 이행 과정의 실패라 볼 수 있다. 학교를 졸업하고 노동시장으로 진입하는 과정에서 정보 부족, 잘못된 판단, 경쟁에서의 탈락 등으로 일자리에 안착하지 못한 경우라는 것이다. 지난 수십 년간 한국 사회가 유지해 왔다고 믿어지는 유사-완전 고용 상태를 기본 전제로 한다면 이러한 청년의 교육-노동 이행 문제는 일자리 확충과 교육 훈련 제공 및 취업 알선을 통해 해결될 수 있을 것이다. 하지만 저성장과 산업 구조의 변화,

세대 간 노동 기회의 불평등 분배가 지속되면서 이러한 분석틀과 기본 전제는 점점 의미를 잃어 가고 있다. 제조업, 사무직 등 기술과 경력이 필요한 대다수의 일자리를 기성세대가 점유하고, 그나마 앞으로는 로봇이나 인공지능이 '신입사원'으로 뽑힐 가능성이 높은 현재의 구조에서, 청년들은 본연적으로 노동과 접속과 단절이 반복되는 '단속적 실업 상태'를 겪을 수밖에 없기 때문이다. 그렇다면 노동 중심 사회에서 노동 이후의 사회로 이행 중인 현 상황을 인정하고, 학교-직업 세계로의 이행보다는 개인-사회로의 이행 실패 관점에서 니트를 정의하고 지원해야 하지 않을까.

'노동하지 않음(혹은 못 함)'이 자연스럽게 받아들여질 가까운 미래에는 이렇게 다양한 '비노동' 상황들을 굳이 기존의 니트라는 관념 안에 담을 필요가 없을지도 모른다. 인류의 대다수가 전통적인 노동을 하지 않을 확률이 높을 테니 말이다. 더 나아가 근본적으로는 니트를 '주체(사람)'로 보는 관점 자체를 바꿀 필요가 있다. 니트는 삶의 한 시점에서 누구나 경험할 수 있는 상태일 뿐이다. 다시 말해 우리는 니트라는 상태가 실업이 만연한 사회를 살아가는 청년들 모두가 삶의 한 시점에서 경험할 수 있는 일반적인 삶의 풍경이며, 자원이나 위험의 불균등 분배에 따라 결과가 달라질 뿐이라는 것을 인정해야 한다. 이렇게 일상으로서 니트 문제를 받아들이고 노동하는 청년과 노동하지 않는 청년을 연속선상에서 바라볼 때, 비로소 양쪽 모두를 명확하게 이해할 수 있을 것이다.

절망하는 청년이 많다고들 한다. 절망은 무엇일까. 미래를 바라보는 일을 중단하는 것, 전망이 없어 희망(望)을 끊는(絶) 것이다. 구직을 '단념'한다고 할 때에도 생각(念)을 끊어 낸다는(斷) 뜻이 담겨 있다. 청년들은 자신들이 이전 세대만큼 지위를 획득할 수 없다는 사실을 이미 알고 있다. 공기업과 같은 연공제적 조직에서는 비정규직이 아니라는 안도감으로 모든 잡무와 부조리를 참아야 하고, 성과주의적 조직에서는 오로지 상사의 성과를 만들어 주기 위한 부품 같은 삶을 살아야 한다. 문화예술 분야와 같은 비조직적 직군에서는 열정 착취를 당연시하지 않으면 아예 경력을 시작하기도 어렵다. 다음 단계로 넘어가기는커녕 지금 단계를 사수하기도 벅찬 삶인 것이다.

그런데 절망이란 아프고 답답하고 두려운 것이기도 하지만 다음 단계로 나아가기 위한 필수 조건이기도 하다. 픽사의 애니메이션 〈인사이드 아웃Inside Out〉을 보면, 사춘기에 접어든 주인공 소녀 라일리는 절망적인 상황을 맞닥뜨리면서 기존의 안온했던 기억들을 파괴해 버리고 다시 새롭게 확장된 세계관을 구축한다. 이처럼 구시대의 헛된 희망을 버리고 새로운 전망을 획득하기 위해, 지금 청년들은 더 적극적으로 희망을 끊어 내야 할지도 모른다.

하지만 절망이 계속되면 무력감에 빠지기 쉽다. 점진적 진보가 힘들다면, 운하에 갑문을 설치하듯이 인공적인 구조물을 구축해서라도 다음 단계로 넘어가는 경험을 할 수 있도록 도와야 한다. 청년 문제를 고민하는 여러 사람들이 주장하듯 변화를 이룰 수 있는 작은 성취의 시간을 주자는 것이다. 사회적 시간 안에서 개인의 미래를 '전망'할 수 없다면, 다가오는 시대 역시 '절망'으로 가득 찰 것이기 때문이다. 똑딱똑딱. 청년들의 시간은 흐르고 있다.

2부에서는 청년 네 명의 생애사적 경험들을 통해 니트 상태에 대해 좀 더 세밀하게 들여다보기로 한다. 인터뷰를 하고 정리하는 과정에서도 연구자와 활동가의 중간에 서 있는 나의 독특한 위치가 반영될 수밖에 없다. 처음 만나는 사람이 아니라 오랜 시간 관찰해 왔거나 관계를 맺어 왔던 사람들과의 인터뷰를 중심으로 유자살롱에서 청소년들과 함께했던 시간, 일본의 니트 지원자들과 교류했던 기억들을 꺼내어 글을 직조해 내려 한다.

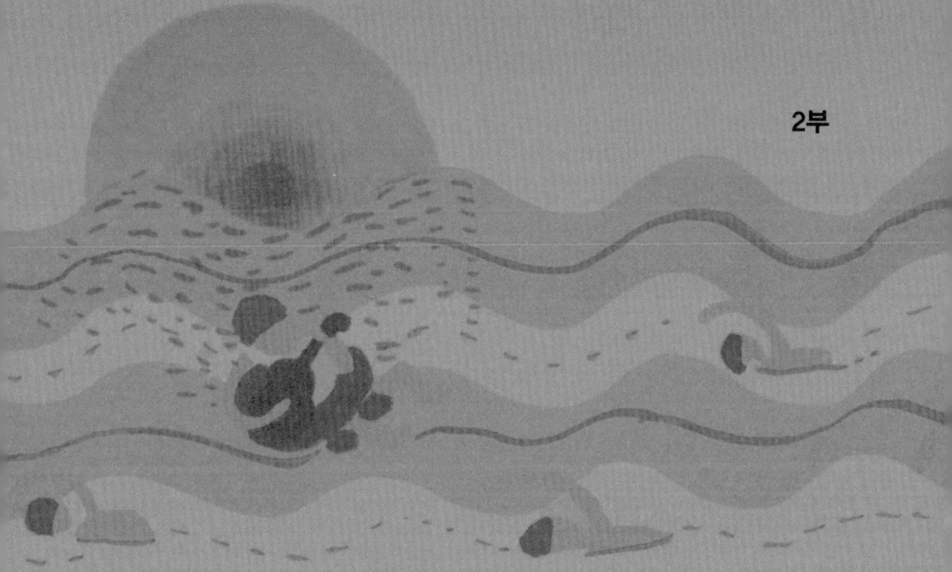

2부

그들의 사정

처음엔 이 책에 니트 경험이 있는 당사자의 인터뷰를 실을 생각이 없었다. 한국의 니트를 이해하기 위해 집중해야 하는 단위는 개인보다 사회이기에, 개개인의 삶을 구체적으로 보여 주면서 접근하는 방식은 독이 될 수 있다고 생각했기 때문이다. 다른 한편으로 더 이상 니트를 지원하는 일을 하지 않으면서 그들의 마음을 휘저어 놓고 싶지 않기도 했다.

하지만 마이너리티 리포트 시리즈에 최소한의 공통분모를 부여하는 과정에서, 모든 책에 인터뷰를 포함시키는 방향으로 의견이 모아졌다. 그래서 기왕 인터뷰를 할 거라면, 단순히 그들의 고통을 전시하는 방식이 아니라 그들이 무중력을 헤쳐 나올 수 있었던 (혹은 그러지 못했던) 요인에 대해 좀 더 집중하기로 마음을 먹었다. 과거 니트 상태였던 사람들의 이야기랄까. 따라서 이 네 명을 선정할 때, 니트 상태를 포괄적으로 바라볼 수 있도록 범주의 대표성을 고려해서 구성한 것은 아니었다. 전체를 포괄적으로 보기보다는 내가 잘 기술할 수 있는 부분에 집중하려 했다는 말이다.

그럼에도 불구하고 인터뷰 참여자 선택에 몇 가지 근본적인 한계가 있었음을 미리 밝히고 싶다. 인터뷰 참여자들은 내가 잘 읽어 낼 수 있는, 다시 말해 오랜 기간 관계를 맺은 사람들이다 보니 아무래도 동질성이 높을 수 있다. 특히 루나의 사례를 제외하고는 성장 과정에서 크게 경제적으로 곤란을 겪지 않았던 사람들이어서 그들의 이야기가 마치 중산층에 대한 이야기로 비쳐질 가능성이 높다. 중산층 대 빈곤층의 구도를 벗어나서 니트 문제를 바라보고 있기는 하지만, 나 스스로도 중산층 정체성에서 벗어나지 못하는 사람이기 때문에 빈곤의 관점을 도입하기 어려운 시섬이 있기도 했다. 그래서 이 책에는 이 부분에 대한 한계를 인정하고, 니트와 관련한 경제적 계급과 젠더 등의 문제는 다른 훌륭한 연구자들이 다뤄 주기를 기대해 본다.

여기에 드러나는 이야기들은 지극히 특수한 경험을 했던, 특정 개인의 역사이다. 이들 모두 고립 니트 상태라는 힘든 시간을 보냈지만, 한편으로는 너무나도 평범하게 보일 수도 있다. 니트 상황을 겪지 않은 청년들도 보편적으로 적용할 수 있는 경험들이 많기 때문이다. 이들이 니트 상태에서 겪었던 우울감이나 좌절감 등이 언급되기도 하지만 심리학적으로 접근하려 한 것은 아니다. 오히려 그러한 감정들이 촉발된 행위와 그 행위를 낳는 사회구조를 들여다봄으로써 심리적 발달 과정이 아닌 사회화의 과정을 드러내려 노력했다. 한국 사회에서 심리적 취약성을 드러낸다는 것은 언제나 개인의 문제로 귀결되기 때문에 인터뷰 질문에 담기가 조심스러웠던 것이 사실이다. 하지만 오히려 이들은 스스로 심리적 어려움을 굉장히 자연스럽게 직시하고, 그 원인이 개인이나 가족에게만 있지 않음을 파악하고 있었다.

: 1장

이 사회는,
내겐 맞지 않는 옷

_ 미카

미카는 현재 25세이며, 특성화고등학교에서 패션디자인을 전공했으나 선생님과의 갈등으로 자퇴했다. 이후 집 밖으로 나오지 않는 고립 시기를 겪었다. 그러다 유사살롱에서의 활동을 계기로 사회로 복귀하여 카페 아르바이트와 비영리 사회 활동, 음악 활동 등을 병행하고 있다.

미카는 인터뷰 대상자 중 나와 가장 많은 시간을 함께 보냈다. 2011년, 미카가 스무 살 때 유자살롱 프로그램에 참여하면서 처음 만났고, 그 후 수많은 프로젝트를 함께해 왔다. 미카는 유자살롱을 거쳐 간 청소년 중 변화의 폭이 가장 두드러진 구성원이었다. 지금도 처음 만났던 날, 미카의 눈빛이 기억난다. 세상 모든 것에 대해 '그래서 어쩔 건데?'라며 반항하는 표정이었다고나 할까. 당시 미카는 착한 아이 콤플렉스의 정반대편에서, 나쁜 아이가 되기 위해 애쓰고 있었던 것 같다. 관계가 오래된 만큼, 미카와의 대화는 처음부터 본론으로 훅 들어갔다.

"어릴 때부터 어른의 기대가 엄청나게 상처가 됐어요. 초등학교 저학년 때 선생님이 퀴즈 같은 걸 냈거든요. 재치 있게 여러 대답을 할 수 있는 문제였는데, 제가 어떤 얘기를 하려고 했더니 선생님이 되게 기대를 하는 거예요. 그 기대를 받는 건 좋았지만, 조심조심 얘기를 했는데 선생님이 듣더니 크게 실망을 하셨어요. 그 기억이 아직도 생생한 걸 보면, 저한테 크게 남아 있는 것 같아요. 상대가 나한테 많이 기대를 하고, 나는 그 기대에 못 미치는 상황들. 나중에도 학원 선생님이 엄마한테 '미카는 생각을 안 하고 사는 것 같다'고 말하는 걸 듣고, '아, 나는 남들에게 저런 이야기를 듣는구나'라는 생각을 했어요. 되게 예쁘게 보이고 싶은데 그럴 수 없으니까 일부러 미움 받을 짓을 하는 거랄까?"

이 얘기를 듣고 나니 당시의 미카를 좀 더 이해할 수 있었다. 미카는 표면적으로는 타인을 밀쳐 내는 태도와 분위기를 가지고 있지만 조금만 이야기를 나눠 보면 사람을 좋아하고 이해심이 깊은 친구였다. 얼음으로 만든 벽 안에서 자신을 보호하고 있다는 느낌이랄까. 초등학교 저학년 때의 기억까지 소환해 내는 것을 보면 이 시기에 겪었던 어려움이 오랜 기간 지속되었던 것 같다.

"초등학교에서 중학교까지 모든 애들이 좋아하는 아이는 아니었어요. 특히 언니들에게 미움 받는. 핑크색으로 머리를 염색하거나 드레스를 입고 가거나 그랬으니까 따가운 시선을 받았죠. 그러다가 언니들에게 찍히기도 하고, 잘나가는 동갑 친구들한테 별것도 아닌 식으로 시비가 걸려서 서로 때리는 상황까지 간 적도 있고. 근데 그럼에도 불구하고 완전히 고립되지 않았던 게, 그래도 친한 친구들이 있었거든요. 한두 명 정도는 되게 친했어요. 그나마 그런 친구들이 있었기 때문에 견딜 수 있었던 것 같아요."

중학교 시절 역시 순탄하지는 않았다. 어울리던 친구들과 함께 왕따를 당한 적도 있고, 왜 그런지 기억은 나지 않지만 수업시간 내내 엎드려 있었다고 한다. 좋아하는 남자아이가 있었는데 표현하지 못하고 무기력하게 지내던 것이 중학교 3년을 이루는 기억의 전부였다. 그렇게 중학교를 졸업하고 특성화고 패션디자인학과에 진학했지만, 1학년을 마치기도 전에 자퇴를 했다.

"패션디자인학과를 갔는데, 엄청난 경쟁과 그 학교의 최우수 학생이라는 압박이 있었어요. 친구들도 친구 같지 않고, 스트레스도 심하고. 사소한 일로 선생님과 갈등이 생겨서 자퇴를 하게 되었는데, 엄마는 그만두고 싶으면 언제든 그만둬도 된다고 말하는 사람이었으니까 큰 저항 없이 학교를 나올 수 있었어요. 속으로 이렇게 그만둬도 나는 잘 해나갈 수 있겠지 하는 생각이었죠. 그런데 막상 자퇴하고 나서는 집에만 계속 있었어요. 살도 정말 많이 찌고, 밤낮이 바뀌고, 게임 엄청 하고, 미국 드라마와 일본 드라마 다 보고. 물론 중간중간 한 달 정도 굉장히 열심히 운동을 한다든지 갑자기 의욕이 타오르는 시간도 한 번씩 있었어요. 구체적으로 뭐가 되겠다는 생각은 없었지만 20대 후반쯤에는 뭐라도 잘하면 좋겠다고 생각했어요. 하지만 나는 지금 이러고 있고…. 그런 생각하면서 좌절했죠. 절대로 이 상태에 머물러 있고 싶지 않은데, 한 달 전을 생각하면 그때도 이렇게 살았고, 앞으로도 변하지 않을 것 같으니까. 그러면서도 혹시 기적 같은 일이 생기지 않을까 그런 기대가 있었어요."

미카는 흔히 말하는 '은둔'을 제대로 한 경우다. 은둔이라고 해서 대단한 무언가가 있는 것은 아니다. 방문을 잠그고 안 잠그고의 문제가 아니다. '지금 상태가 좋지 않은데 앞으로도 변하지 않을 것'이라고 자동적으로 사고가 이어진다는 사실이 더 위험하다. 이런 경우를 나는 '무중력의 버뮤다 삼각지대'에 빠졌다고 말한다. 이렇게 무중력의 심연에 빠진 개인은 우울감(심리), 고독감(관계), 무력감(일)의 세 가지 감정이 서로 악순환되면서 스스로 빠져나올 수 없는 자기만의 감옥을 경험한다. 우울-고독-무력이라는 세 가지 감정이 각각 올 때와는 완전히 다른 차원의 고립 상황이 만들어지는 것이다. 고용정보원의 니트 연구(정연순 외, 2013)에서도 니트 상태의 개인은 우울감(40.7퍼센트), 고독감(37.7퍼센트), 무력감(27.3퍼센트)을 높게 경험하고 있는 것으로 나타났다.

예를 들어 심리적으로 우울해도 수다를 떨 친구나 즐거운 일이 있으면 기분이 나아질 수 있다. 관계가 없는 사람 역시 안정적으로 일을 하고 마음이 우울하지 않은 상태라면 큰 문제가 되지 않는다. 일을 하지 않는 사람도 관계 속에서 행복하다면 어떻게든 삶을 지속해 나갈 수 있다. 하지만 고립된 상태로 아무것도 하지 않으면서 우울함까지 찾아올 경우, 악순환에서 빠져나오기는 대단히 어렵다. 유자살롱은 프로젝트를 통해 관계를 만드는 것부터 시작해서 이러한 악순환의 고리를 끊으려 했다.

"그러다가 농생을 따라서 유자살롱에 오게 됐죠. 유자살롱에 와서 좋았던 게 뭐냐면, 몇 년간 느껴 보지 못했던 누군가의 관심을 받고, 그 덕분에 관계가 만들어지는 경험이었어요. 처음에 제 마음을 열게 한 건 분명히 스태프들의 관심이었어요. 마음을 열지 않아도 괜찮다고 내버려 두면서도 여전히 관심을 놓지 않고 있으니까, 그런 것들이 마음을 여는 데에 크게 작용했죠."

유자살롱에서 미카는 다른 아이들보다 조금 나이가 많은 편이었다. 자기보다 두세 살 어린 친구들 사이에서 조금 뻘쭘해하지 않을까 걱정했지만 의외로 조용히 먼저 다가서는 스타일이었다. 그리고 미카는 사람들을 끌어당기는 목소리를 가지고 있었다. 스스로 즐겁게 노래하고자 하는 욕구도 강했다. 그 욕구는 또 하나의 중력이 되어 아이들을 끌어모았다. 그렇게 모이고 나면 자신의 욕망을 아이들에게 맞추려 애썼다. 딱히 리더를 정한 건 아니지만 그는 어느새 유자살롱 청소년 그룹을 이끌고 있었다. 이런 과정 속에서 미카를 둘러싸고 있던 얼음벽은 오래지 않아 녹아내렸고, 예의 그 눈빛도 바뀌었다. 그는 이후 수년 동안 지속적으로 유자살롱을 드나들며 묵묵히 다른 아이들을 도우면서 내적으로나 외적으로 많은 발전을 이루었다.

내적인 문제들이 풀렸다고 해서 사회로의 이행이 순탄했던 것은 아니다. 유자살롱 수료 이후, 미카는 직업전문학교에도 들어가 보고 상근으로 일을 해보기도 했다. 하지만 대부분의 일은 그에게 '맞지 않는 옷'과 같았다.

"패션직업전문학교를 갔었죠. 알바몬에서 알바 알아보다가 수당을 받으면서 다닐 수 있다는 공지를 봤어요. 출석률 몇 퍼센트면 수당이 전액 지급되고 이런 건데, 2개월인가 다니고 그만뒀어요. 유자살롱을 떠나 사회로 나간 첫 경험이었는데, 역시나 예상했던 대로였어요. 다들 '안녕하세요, 몇 살이세요' 물어보고, 한참 어리면 '아 그래. 이제 말 놓는다' 한다든지. 그런 분위기가 훅 와서 당황했고, 왠지 그런 사회적인 분위기가 불편해서 그냥 빨리

나왔어요. 이 사람들과 별로 어울리고 싶지 않은데 조별 활동을 해야 하기 때문에 어울린다거나, 혼자 밥 먹으러 간다고 하면 이상하게 본다거나, 사회에 나가면 그런 모습들 있잖아요. 처음부터 에너지 넘쳐서 막 친해지려 하고, 빨리 내 편을 만들기 위해서 몸부림치는…. 그런 사람들과는 친해지고 싶지 않았던 것 같아요. 기본적으로 패션을 배우고 싶어서 간 거고 기술을 가르쳐 주니까 좋기는 했지만 뭔가 촌스러웠어요. 또 맘에 안 들었던 게, 학장이 기독교인이라서 거기서 예배 같은 걸 하는데 거기 참석하면 2,000원을 준다든지 그런 게 너무 싫었어요."

'사회에 나가면'이라는 말은 군대나 감옥에 있는 사람만 쓰는 줄 알았는데 인터뷰 속에서 미카는 줄곧 사회를 자신과 유자살롱의 바깥에 위치시키고 있었다. 자기와 사회 사이에 선을 긋고 있는 것이다. 이것은 청년들이 자신이 살고 있는 국가를 '헬조선'이라며 대상화시키는 것과 비슷한 맥락이다. 내가 첫 직장을 준거 집단으로 삼지 않았던 것처럼, 이들은 지금의 사회를 동시대적이라 느끼지 않으며 특수한 어떤 것으로 대상화시킨다.

사실 이 사회에서 연령차별주의ageism*의 개선, 개인의 권리

---

* 연령차별주의란 나이를 기준으로 사람들 사이에 위아래가 생기고, 각기 다른 역할을 요구받으며, 차별이 일어나기도 하는 사회적 현상을 정당한 것으로 받아들이는 사고방식을 말한다.

와 자유 등등 '상식'이 발전해 가는 속도는 너무나도 더디다. 20년 전, 나 역시 비슷한 상황에서 사회가 이상하다고 생각하긴 했지만 결국엔 잘 적응하지 못하는 나에게 문제가 있다고 생각했다. 1990년대에는 그럴 수 있다. 하지만 2010년대를 사는 미카도 같은 문제 앞에서 여전히 자기 탓을 해야 하는 걸까. 이건 단지 문화와 관계의 문제만은 아니었다. 대부분의 일터를 움직이는 조직 문화도 상황은 비슷했다.

> "용산 쪽에 있는 한 음료 매장에서 단기간이지만 주 5일 일한 적이 있어요. 직원은 저 포함 네 명이었는데, 관리자가 한 분 계시고, 되게 오래 일한 직원이 두 명 있었지요. 그런데 그 직원 중 한 명이 기가 엄청 세서 다 휘어잡을 정도였어요. 관리자가 남자이고 나이도 많은데 늦게 들어왔으니 별로 장악을 못했죠. 오래 일한 그 직원 언니가 전체 분위기를 휘어잡았기 때문에 다들 그 언니한테 딸랑거리는 느낌이랄까. 모두가 관리자를 아웃사이더로 만드는 구도가 마음에 안 들었어요. 같이 있다 보면 흥미 없는 주제가 나와도 괜히 오버하면서 맞장구쳐야 하는 분위기도 힘들었고. 그 일을 하면서 얻은 건 하나예요. '나는 정말 일반 회사에서 일하면 안 되겠다. 정말 안 맞구나.' 그걸 확실하게 알았죠."

남들처럼 고등학교와 대학교를 다니지 않았음에도 불구하고, 생각보다 미카가 일터에 적응하는 것은 어렵지 않았다. 다만 몇 번의 일 경험 끝에 그곳에 계속 머무르고 싶다는 중력, 즉 매력을 느끼지 못했을 뿐이다. 미카가 긍정적인 일 경험을 하게 된 것은 오히려 자원 활동으로 참여했던 '유자살롱 5년의 기록: 유자찾집' 자료집 제작 프로젝트였다. 집 밖에서 유유자적 프로젝트에 참여했던 당사자 시선으로 구성원들의 기억을 기록화하는 작업을 이끌면서, 미카는 일의 의미와 재미, 과정에 대한 감각을 습득하였다. 이 프로젝트는 평소 유자살롱과 친분이 있던 사회적기업 '기억발전소'의 대표 숨결이 전체를 맡아서 감독하고 지도해 주었다. 그리고 그 과정에서 미카는 웬만한 인턴십보다 더 깊고 자세한 직업 체험을 할 수 있었다.

"맨 처음에 숨결이랑 회의했던 기억이 나는데, 달력 같은 걸 뽑아서, 이 정도의 책이 나오려면 이 정도의 계획이 나와야 한다고 찬찬히 알려 줬어요. 그런 게 왠지 멋있고 신기했던 기억이 나요. 거기 맞춰서 인터뷰 일정을 잡고, 외부 글은 언제까지 받을지 계획을 세우면서, '이거 꽤나 힘들고 복잡하고 귀찮은 일인데, 나는 이런 걸 좋아하는구나' 생각했어요. 특히 사람 만나고 인터뷰 다닐 때가 제일 좋았죠. 일을 진행하다가 숨결한테 딱히 혼난 건 아니지만 '이런 식으로 해주면 좋겠다' 하는 얘기를 들었는데, 그런 과정에서 다른 팀과 일할 때 어떤 방식으로 일해야 하는지를 깨달았던 것 같아요."

애초 이들에게 기대했던 결과물은 간단한 결과 자료집 정도였다. 하지만 작업에 참여한 미카, 산새, 은우, 그리고 멘토 역할을 해준 숨결과 참사장의 프로젝트에 대한 애정이 흘러넘쳐서, 예상보다 두 배 이상의 시간과 노력이 투여된 끝에 단행본이라 해도 될 만한 수준의 책이 완성되었다. 마감이 계속 연기되는 상황 속에서 힘들기도 했지만, 만족할 만한 수준의 결과물을 갖는다는 것은 모두에게 좋은 경험이었다. 이 작업을 통해 미카는 사회적기업처럼 의미 있는 일을 하는 곳에서 일하고 싶다는 생각을 굳혔고, 마침 기억발전소에서도 사회적기업 인건비 지원 제도를 통해 미카를 직원으로 채용하고 싶다는 의사를 알려 왔다. 하지만 고용노동부에서 인건비를 지원받기 위해서는 부모가 경제적 취약계층이거나 1년 이상 무직 상태에 있어야 한다는 규정 때문에 실제 취직을 하지는 못했다.

"앞으로 무슨 일을 할까 생각해 보면, 지금은 아직 명확하게 생각나는 게 없어요. 하지만 따로 또 같이, 그런 식으로 일하는 게 저한테 맞지 않을까 생각해요. 분명 함께하는 건 좋은데 모든 걸 함께하는 건 힘든 것 같아요. 주 5일 일할 때, 정말 다른 일을 아무것도 못했거든요. 그런 거 보면서 회사원들은 어떻게 사나 싶었어요. 저는 8시간 일하면 적어도 2~3시간 회복할 시간이 필요한 거예요. 그러다 보면 하루가 다 가는 거죠. 일이 끝나면 너무 지쳐서, 그냥 걷기라도 해야 되고. 뭐라도 시간이 필요했어요."

미카는 주말 이틀 동안 연남동의 한 카페에서 아르바이트를 하고, 한국에 진출한 일본인들의 예비 사회적기업인 K2인터내셔널 코리아에서 니트 청년을 지원하는 프로젝트를 함께 준비하고 있다. 그 밖의 시간은 음악이나 디자인 등 창작 활동을 위해 비워 두고 있다. 17세 이후로 또래들과는 매우 다른 길을 걸어왔지만, 과거와 현재의 자신을 설명하는 그의 말들은 매우 단단한 경험과 생각에 뿌리를 두고 있는 듯하다.

"과거의 저요? 학교를 자퇴한 이후의 저는, 굉장히 작고 약하고 상처받았는데 그걸 인정하지 않았던 것 같아요. 유자살롱에 다닐 때 딱 그냥 생각나는 장면이 있는데, 집을 선인장으로 표현한 일러스트 있잖아요. 그 일러스트처럼 갓 선인장 밖으로 나와서 '그동안 내가 이런 곳에 있었네' 그런 느낌이었어요. 일할 때는, '나는 아직도 약하고 여리고 상처받았구나, 그냥 그렇구나' 그런 느낌? 지금은 조금 다른 맥락이긴 한데, 제가 언어적인 표현력이나 화술 이런 게 뛰어나지 않은 걸 옛날부터 알고 있었지만, 거기에 대해서는 별로 욕심이 없어요. 그냥 자기 표현을 언어 대신 예술로 하고 싶은, 그런 사람이란 게 맞는 것 같아요."

선인장은 유자살롱을 찾는 아이들의 자아상과 가장 일치하는 상징물이었다. 자신이 세상을 향해 가시를 세우고 있다는 생각을 뒤집기 위해, 유자살롱에서 선인장은 집이 되고 학교가 되었다. 가시를 세우고 있는 것이 자기가 아닌 사회라는 사실을 깨닫는 순간, 그 위에서 놀 수도 있고 혼자 유유자적 시간을 보낼 수도 있다. 아직 그 안에서 나오지 못한 아이도 있지만 그 광경을 지켜보며 자신에 대해 다시 생각해 보게 된다.

미카의 말대로 그의 화술이 능수능란한 것은 아니다. 갈등 상황에 놓이면 남들보다 0.3발짝 정도 느리고, 설탕으로 코팅이 되어 있지도 못하다. 하지만 늘 정확한 것을 찾아내려 애쓴다. 그런 노력은 그가 만든 노래의 가사에 드러난다. 어쩌면 어느 정도 이방인일 수밖에 없는, 자신을 노래하는 사람. 그것이 미카가 바랐고 걸어갈 수밖에 없는 길인 듯하다.

이런저런 장점들을 중심으로 묘사했음에도 불구하고 주류 사회의 시선으로는 현재 미키의 생활이 이로미가 분류한 '꿈꾸는 프리터형' 니트(이로미·박가열·정연순, 2010)*처럼 보일 수도 있다. 예술가로서 뚜렷하게 이뤄 놓은 것도 없다. 하지만 그렇다고 해서 그가 단지 소극적으로 강한 소속감과 규율을 기피한다거나 힘든 일은 하고 싶지 않아 한다고 보기는 어렵다. 그보다는 좀 더 현대적인 일 문화를 경험했고, 삶의 지향이 뚜렷한 사람으로 해석하는 것이 맞을 것이다.

어쩌면 미카는 어렸을 때부터 예술가 타입에 가까운 사람이

---

* 이 연구는 청년 니트를 내성적 위축형, 꿈꾸는 프리터형, 진로 미숙형, 수험형으로 분류했다.

었는지도 모른다. 그렇지만 더 중요한 것은 어떤 재능이 있는가가 아니라 무엇을 경험해 보았는가다. 꿈꾸는 프리터형 니트와 미카의 차이점은 자신이 하고 싶어 하는 일을 실제로 해보았는지의 여부이기 때문이다. 일반적으로 꿈꾸는 프리터들은 '어떤 조건이 갖춰지면 할 수 있을 텐데'라는 태도를 보인다. 저 멀리 지향점은 있으나 본인이 서 있는 곳에서 실제로 해본 적은 없는 것이다. 또한 그들은 친구나 선배 등 '준거 집단'을 가지지 못한 경우가 많다. 그래서 실제로는 정보의 양이 매우 적고 세계관이 좁다.

결국 미카가 개인적으로 남들보다 우월하거나 엄청난 노력을 해서가 아니라, 그에게 주어진 자원이 그를 꿈꾸는 프리터 이상으로 끌어올렸다고 할 수 있다. 미카 역시 유자살롱이나 기억발전소처럼 자신을 발현시켜 줄 수 있는 사회적 토양을 만나지 못했다면 자신만의 선인장 속에서 나오지 못했을지도 모른다. 자율을 지향하는 삶의 방향성이 장점만 지니고 있는 것은 아니기 때문이다. 미카 역시 오래전부터 내적인 예술적(혹은 자율적) 에너지를 가지고 끊임없이 자신을 계발하려 해왔고, 바로 그러한 높은 기준 때문에 스스로 소진되어 왔다. '그만두고 싶으면 언제든 그만둬도 돼'라고 말하는, 지나치게 자유주의적인 엄마와 무관심한 아빠의 성격, 사회의 기준에 신경 쓰지 않으려는 스스로의 태도가 이런 방향성을 강화시켰고, 위험한 고립 상태에까지 이르게 한 것이다.

유자살롱 선인장 시리즈 중 '집' ⓒ 안난초

자신이 세상을 향해 가시를 세우고 있다고 생각하는
그들의 생각을 뒤집기 위해,
유자살롱에서 선인장은 집이 되고 학교가 되었다.
가시를 세우고 있는 것이 자기가 아닌 사회라는 사실을 깨닫는 순간,
그 위에서 놀 수도 있고 혼자 유유자적 시간을 보낼 수도 있다.
아직 그 안에서 나오지 못한 아이도 있지만
그 광경을 지켜보며 자신에 대해 다시 생각해 보게 된다.

지금 미카는 고요하고 평온하다. 물론 주변으로부터 지속적으로 스트레스를 받고 있는 활성단층처럼, 그의 평화는 언제 무너질지 모른다. 하지만 여러 번 넘어지고 일어나 보았기 때문에 조금 후에 넘어지지 않을까 하는 불안감으로 현재를 망칠 정도는 아니다. 또 넘어지겠지만 다시 일어날 수 있다는 믿음, 이것이 위험 사회를 살아가는 청년들에게 필요한 용기가 아닐까.

"미래에 대해서는 근근하게 살지 않을까 싶어요. 대단한 거는 별로 없을 것 같은데, 그래도 그냥 나쁘진 않게 살 수 있을 것 같아요. 과거와 차이가 있다면, 지금은 제가 살고 있는 게 나쁘지 않다고 느끼거든요. 정체되어 있다는 느낌이 들지 않고. 또 정체되는 시기가 오더라도 넘어갈 수 있다는 걸 알고 있기 때문에. 왜냐면 일단 불안한 게 없어요. 주말 알바만 하고 있지만, 이게 너무 적게 일하는 것도 아니고, 내 리듬에 맞는 것 같다는 느낌? 그걸 잘 알고 있으니까 불안하지 않아요. 나는 뭘 하든지 시간이 많이 걸리는 사람이고, 그러다 보니까 조금 일하는 게 맞구나, 이걸 제가 알게 됐다는 게 기쁘고 그래요. 자기 인식 같은 거겠죠. 속도가 느린 사람이라는 걸 알았고, 그러다 보니까 조금씩이라도 앞으로 가고 있다는 걸 알게 되었거든요. 그걸 남에게 설명하지 않아도, 나는 아니까 사람이 쉽게 변하지 않는다는 걸 알기 때문에. 당연히 안 좋은 일이 있다가도 좋은 일이 오고 또 그러다가 안 좋은 일이 올 수도 있다는 걸, 마치 공기처럼 당연하게 느끼고 있기 때문에 괜찮은 것 같아요."

미카의 경우는 스스로 품었던 예술적인 삶에 대한 동경, 그로부터 축적되어 온 문화 자본이 유자살롱이라는 계기를 만나 심화된 경우라 할 수 있다. 그리고 제한적이기는 하지만 그 경험들이 유자살롱의 동료들과 기억발전소의 멘토들과 같은 네트워크로 확장되어 사회 자본으로 전환되기도 한다. 대안학교를 졸업한 뒤 진학이나 취업을 하지 않은 비진학 니트 청소년들도 비슷한 과정을 밟는 경우가 있다.

궁금한 것은 미카에게 유자살롱에서의 경험이 약인가 독인가 하는 것이다. 그 경험을 통해 자신의 어려움을 극복할 수 있게 되었지만, 수년간의 사회생활 이후에도 여전히 사회는 미카의 '바깥'에 존재한다. 그렇다면 유자살롱의 경험이 미카의 발목을 잡은 것은 아닐까? 자신을 믿고 인정해 주는 집단의 존재는 성인기 이행에 어떤 영향을 미치게 될까?

: 2장

혼자라는 건 지울 수 없는 낙인 같아

_ 루나

루나는 현재 34세로, 대학교 중퇴 후 아르바이트, 인턴 등을 하다가 다시 집에서 고립된 상태로 지내는 시기를 반복해서 경험했다. 임금 노동을 하지 않던 때에 교회 커뮤니티에서 자원 활동을 하다가 특정 개인에 의해 의도된 따돌림을 당하기도 했다. 현재는 작은 규모의 비영리 재단에서 일하고 있다.

4년 전쯤이었다. 여름 부족파티 공연이 끝난 뒤 한 청년이 조용히 다가왔다. 우연히 유자살롱에 대한 기사를 읽은 후부터 관심을 갖고 있었는데, 마침 페이스북 페이지에 올라온 부족파티 공지를 보고 용기를 내어 찾아왔다고 했다. 이 청년은 자신도 무중력을 겪었다며 몇 가지 질문을 했다. 질문 내용은 잘 기억나지 않지만 그 자리에서 많은 얘기를 나눌 수 없어서 나중에 한번 유자살롱에 놀러 오라고 했다.

보통 이런 경우 실제로 찾아오는 사람은 많지 않다. 그런데 얼마 뒤 루나는 진짜로 사무실에 나타났다. 차분히 마주 앉아 이야기를 나누다 보니 어떻게 살아왔는지 대략은 짐작할 수가 있었다. 다시 힘을 내도록 도와주고 싶었지만, 우리 프로그램은 24세까지만 함께할 수 있는데 루나는 서른 살이었기 때문에 그저 이야기를 들어 주는 것 외에 해줄 수 있는 게 없었다.

그날 이후 나는 기회가 있을 때마다 루나를 초대했다. 그는 주말 드라마처럼 한 편 한 편씩 자신의 얘기를 털어놓았다. 대학교 3학년 때 자퇴를 했고, 집안은 경제적으로 어려운 편이며, 이런저런 일을 해보다가 최근엔 패션 디자인 업체에서 심하게 열정 착취를 당한 뒤 쉬면서 마음을 추스르고 있는 상황이었다. 크게 도와줄 수 있는 일은 없었지만 느슨하게나마 관계를 이어가려 노력했다.

정확히 가늠할 수는 없어도 대학교 자퇴 이후 루나가 보낸 무중력한 시간들은 꽤 길어 보였다. 보통 고립된 상황이 몇 년 이상 지속되면 사고와 대화의 감각도 조금씩 둔해지기 마련이다. 하지만 루나는 자신의 상황을 객관적으로 조리 있게 정리하고 있었다. 또 일반적으로 자기 자신이 어려움에서 벗어나기 전까지는 옆을 돌아보기 힘든데, 그는 비슷한 경험을 했던 사람들에게도 관심을 갖고 있었다. 그래서 '이 친구는 어려운 상황에서도 스스로 극복하는 단계까지 왔구나' 하고 짐작했다.

그런데 그 뒤에 얻은 일자리에서도 루나는 이상할 만큼 자꾸 사람들 사이에서 튕겨져 나오는 느낌이었다. 정확히 말하면 사람들이 루나를 밀어내는 것 같았다. 한 사람과의 작은 충돌이, 시간이 지나 모든 구성원으로부터의 집단 따돌림처럼 확대됐다. 그때마다 루나는 힘겨워하며 나에게 물었다. 자신이 무언가 잘못하고 있는 거냐고. 왠지 늘 긴장된 상태 혹은 날이 선 느낌이라는 인상을 받았던 걸 보면, 사람을 대하고 위기에 대처하는 그의 기술이 조금 모자랐던 것일 수도 있다. 그런 기술은 사회 속에서 시간을 보낸 만큼 길러지는 것이니까. 하지만 자초지종을 들어보면 백번을 양보해도 근본적인 원인은 그에게 있지 않았다. 그럼에도 불구하고 이런 일이 그에게 지난 10여 년 동안 반복되고 있었다. 프랜차이즈 매장에서, 종교 커뮤니티에서, 패션디자인 업계에서, 공공 기관에서, 루나는 계속해서 튕겨져 나왔다.

"일을 그만둔 계기는 항상 비슷했어요. 그 안에서 일을 하기에 너무나 불편한 상황인 거예요. 사람들이 적대적이거나, 일이 너무 체계가 없고 형편없고 이런 것. 불편한 점을 어떻게 표현해야 하는지 몰라서 말 안하고 끙끙거리다가 나오게 되거나, 서툴게 표현했다가 모든 비난이 나에게로 몰려서 그만두게 되거나 그랬죠. 심할 때는 발톱도 빠지고 이명이나 호르몬 이상이 온 적도 있어요. 다들 힘들다 그러면서도 '그 안에서 버티면서 힘도 생기는 거야'라고 얘기들을 많이 해요. 그래서 외부에 문제가 있었던 건지, 내가 버티는 근력이 약한 건지 솔직히 잘 모르겠어요. 둘 다의 문제였어, 라고 생각하는 게 마음이 편하죠."

사람들은 보통 '이 사람이 왜 니트 상태에 놓이게 되었는가'에 대해 궁금해한다. 그리고 사실 관계에 따른 잘잘못을 따진다. 그런데 '그 안에서 버텼어야 해', '네 의지가 약한 거야', '남들도 다 힘들어' 같은 말들은 세상에서 가장 쓸데없는 충고다. 그런 말들은 누구보다 당사자들이 스스로에게 반복해서 던져온 비난이기 때문이다. 사실 관계가 어떻든 이런 접근은 당사자에게 크게 도움이 되지 않는다. 객관화된 평가는 최소한 자기 몸을 추스릴 수 있는 상태의 사람에게나 쓸모가 있는 법이다. 그래서 나는 무중력의 한가운데에 있는 사람에게 구체적인 사실 관계와 잘잘못에 대해 이야기하는 걸 피하는 편이다.

하지만 오랫동안 관찰하면서 나는 루나가 자신을 객관화할 수 있는 상태라고 느꼈다. 그래서 어려움이 닥칠 때마다 당장 본인이 개선할 수 있는 지점이 무엇인지 같이 고민해 보려 했다. 그런데 이런 나의 태도 때문에, 루나로서는 나를 충분히 신뢰하기 힘들었던 듯하다.

"누군가에게 일터에서 고충이 있었다고 이야기하면, '그 고충이 있었다는 것'이 내 문제가 돼요. 아키도 약간은 '니트의 문제를 갖고 있는 사람들은 어떻다'는 편견을 갖고 있는 것 같았어요. 아키에게 제 이야기를 다 했다고 생각하지 않는데 어떻게 내 문제에 대해 알고 있는 것처럼 말할까. 그래서 스스로에게 문제가 있나 하고 의심을 하기도 했고. 저는 '이게 내 잘못이 아니야'라는 것을 깨달은 지 얼마 안 되기 때문에, 그 전까지는 '네가 이상해서 그런 거야'라는 남들의 태도에 노이로제가 있었던 것 같아요."

이 말을 듣고 꽤나 당황할 수밖에 없었다. 역시 나에게도 니트 지원자로서의 타성 같은 것이 있구나 생각하면서 해명을 했다. 나는 무중력 상태의 사람들에게 보통 이중적으로 대응을 하는데, 사회를 향해서는 이 문제가 개인의 잘못이 아니라고 발언을 하지만 그 사회가 변화하기 전까지는 상대방이 개인적으로 헤쳐 나갈 수 있는 방법을 찾아 주려 한다고 답했다. 그리고 루나에게 신뢰감을 주지 못한 상황에서 그런 이야기를 꺼낸 것이 실수였던 것 같다고 덧붙였다.

하지만 워낙 당황한 채로 횡설수설한 탓에 내 말에 두서가 없음이 들통났던 것 같다. 바로 이어서 루나는 니트를 바라보는 나의 입장이 궁금하다고 재차 물었다. 갑자기 추궁을 당하는 분위기가 되니 등에서 식은땀이 났다. 대화의 중심을 잘잘못의 축에서 다른 축으로 옮겨 놓으려면 어떤 이야기를 해야 할까 잠시 고민하다가, 니트는 사회에서 일이라는 영역이 점점 나빠지고 있다는 상황을 알려 주는 '탄광 속의 카나리아' 같다고 답했다. 지금 노동이란 영역에는 너무나도 큰 파도가 치고 있는데, 그 물살이 얼마나 거친지를 알게 해주는 부표처럼, 니트가 어떤 지표 같은 역할을 하는 게 아닐까 한다고. 그런데 의외로 이 말에 그는 격하게 공감했다.

"방금 얘기하셨잖아요, 지표라고. 제 자신이 그런 예민한, 낚시찌 같아요. 뭔가 항상 예민하고 불편해서 다른 사람들이 깨닫기 전에 먼저 난리를 치게 되는 거죠. 그런데 시간이 지나고 나면 그게 큰 문제였다는 걸 다들 알게 돼요. 정말 웃긴 게 최근에 알게 됐는데, 지난번 직장에서 저를 괴롭혔던 사람이 결국 다른 사람들과 큰 문제를 일으켰다고 하더라고요. 매번 그래요. 그만두고 나서야 제가 나쁜 게 아니라는 게 밝혀지는 거죠.

이런 일이 있었어요. 예전에 일하던 곳에서 인테리어 공사를 시작했는데, 같이 있던 동료가 기침을 많이 하면서 계속 미안하다고 하는 거예요. 호흡기가 약해서 그렇다면서. 그런데 그렇게 스스로 미안하고 죄스러워하는 모습이 의아했어요. 사실은 그 사람의 호흡기가 약하기 때문에 다른 사람들에게 먼저 위험을 알리는 거라고 생각할 수도 있는 거잖아요. 니트라는 것도 제 생각에는, 사회적인 문제를 드러나게 해주는 것인데 일반 사람들이 너무 현 상황을 안일하게 받아들이는 것 같아요. 탄광 속의 카나리아처럼, 니트라는 사람들의 약함을 통해서 사회가 도움을 받을 수도 있을 텐데."

때로 대화에서 중요한 것은 사실 관계의 확인이 아니라 대화 자체가 낳는 효과다. 개인의 잘못과 책임에 관해서, 유자살롱에 상담하러 오는 청소년들에게 늘 하던 얘기가 있다.

"학교를 그만둔 건 네 잘못이 아니야. 만약 여기가 덴마크나 핀란드처럼 교육 천국이라면 네가 이상한 것일 수 있지. 하지만 여기는 공인된 세계 최악의 교육 현장이잖아. 그런 나라에서는 학교에 적응 못하는 사람이 오히려 정상일 수도 있어."

이 말 한마디만으로 그동안 '내 잘못이야'라고 생각했던 마음속 짐을 내려놓고 앞으로 나아갈 수 있었던 친구들이 적지 않았다.

학교만 그런 것은 아니다. 최근 몇 년 사이 청년들 사이에서 한국의 일터가 지옥 같다는 인식이 팽배해졌다. 학교 못지않게 비정상적이고 뒤떨어진 일터. 어쩌면 그 잘못된 일터에 잘 적응하면서 다른 사람들을 괴롭히는 사람들이, 부적응자보다 더 고약한 괴물일지도 모른다.

그럼에도 불구하고 왜 루나가 이런 일을 반복적으로 겪게 되는 것일까 하는 의문은 지워지지 않았다. 단순히 확률로만 생각하자면 운이 나빠도 너무 나쁜 것인데. 루나를 공격한 사람은 못된 괴물임이 분명하지만, 그의 내부에도 어떤 어려움이 있는 것은 아닐까. 내가 속으로 이런 생각을 할 때쯤 루나는 좀 더 깊은 곳에서 이야기를 길어 올리기 시작했다.

"어떤 면에서 보자면, 제가 사회적으로나 개인적으로 자립할 수 없었던 건 관계적인 부분 때문인 것 같거든요. 어떠한 관계 형성도 제대로 된 게 없어서, 거기서 늘 저는 죄책감이 들었어요."

죄책감이라니, 평소 정확한 표현만을 해오던 루나가 이번에는 단어를 잘못 고른 것일까. 나도 평생 '나는 왜 관계를 잘 못할까, 왜 나에겐 심리적 지지 기반이 없을까'라고 생각하며 살았지만 그건 죄책감이라기보다는 열등감이었다. 열등감이 아닌 죄책감이 맞느냐고 재차 묻자 마치 오랫동안 잠겨 있던 수도꼭지를 튼 것처럼 그에게서 많은 이야기들이 쏟아져 나왔다.

"네. 죄책감. '내가 틀려서 그래', '내가 잘못해서 그래'라는 죄책감이요. 뭘 잘못했는지 모르면서도 스스로 검열을 엄청 해요. 자기 검열이 필요 이상으로 많아요. 내가 정말 저들 말대로 이상할지도 몰라, 생각하면서 스스로에게 계속 객관적인 잣대를 들이미는 거죠. 사실 그런 객관적인 잣대라는 건 존재하지 않을 텐데. 어느 정도냐면 예전에 종교 커뮤니티에서 저를 따돌려서 굉장히 힘들게 했던 그 사람이 습관적으로 남들을 왕따시켜 왔다는 사실이, 1년 뒤에야 공개적으로 드러났어요. 저를 이상한 사람으로 만들어 고립시킨 후에 다른 사람, 그 뒤에는 또 다른 사람에

"학교를 그만둔 건 네 잘못이 아니야." 이 말 한마디만으로 그동안 '내 잘못이야'라고 생각했던 마음속 짐을 내려놓고 앞으로 나아갈 수 있었던 친구들이 적지 않았다.

학교만 그런 것은 아니다. 최근 몇 년 사이 청년들 사이에서 한국의 일터가 지옥 같다는 인식이 팽배해졌다.

학교 못지않게 비정상적이고 뒤떨어진 일터.

어쩌면 그 잘못된 일터에 잘 적응하면서 다른 사람들을 괴롭히는 사람들이, 부적응자보다 더 고약한 괴물일지도 모른다.

유자살롱 선인장 시리즈 중 '학교' ⓒ 안난초

게 그렇게 하다가 결국 꼬리가 밟힌 거죠. 알고 보면 정말 양아치인데, 자신이 잘못한 걸 인정하지 않고 워낙 말발이 좋기 때문에 사람들은 눈치 채지 못해요. 하지만 저는 어떤 상황이나 사람에게서 뭔가 잘못되었다는 걸 남들보다 훨씬 예민하게 느껴서인지, 그 사람의 잘못을 먼저 알게 되는 거죠.

요즘엔 그런 유형의 사람들을 불쌍하게 생각하게 됐어요. '저렇게 작은 실수도 스스로 인정하지 못할 정도로 유약한가?' 하고 말이죠. 그런데 당시에는 그 사람들이 약하다고는 생각하지 못했어요. 직접 그 사람과 대화를 시도했을 때 오히려 일방적으로 '네가 하는 건 다 쓰레기 같고, 네가 일을 다 망치고 있는 거다'라는 얘기를 들었어요. 그런데 그때 제가 대응하지 못했어요. 당시 진짜 정신적으로 충격을 입을 정도로 외상을 입었어요. 그들이 앞에서 틀린 얘기를 해도 반박하지 못했어요. 제 스스로, 그들의 얘기에 동의하지 않으면서도 '실제로 내가 뭘 잘못하고 있나? 나는 정말 일을 못하는 사람인가?' 하고 자기 검열을 하게 되는 거예요. 그랬다가 시간이 지나 그 일을 혼자 분석하면서, 명백한 폭력에 대해 자기방어를 하지 못한 나 자신에 대해서 다시 한 번 등신 같다고 생각하게 되는 거죠. 내 스스로가 내 편이 아닌 거예요. '내가 정말 틀린 건 아닐까'라는 생각이 내면 깊숙이 있는 것 같아요.

성장하면서 자아가 생기고, 자아상이 형성될 때, '너는 왜 그렇게 유별나니? 그런 식으로 하면 남들이 널 어떻게 보겠니'라는 얘기를 유독 많이 듣고 자랐던 것 같아요. 지금은 그게 부모님의 노파심이었다는 걸 이해하지만요."

어떤 갈등이 일어났을 때 자동적으로 자신의 잘못일 것이라 생각하는 경향. 이에 대해 사람들은 흔히 '요즘 젊은이들은 자존감이 낮다'는 식으로 별 고민 없이 퉁치듯 이야기한다. 여기서 자존감이 낮다는 것은 이들이 아직 '미완의 상태'라는 관점이다. 그렇지만 자존감이 덜 형성된 것이 아니라 지나치게 훼손된 것이라고 본다면 어떨까. '내가 나로서 존재하는 것'을 인정하지 않는 부모, 교사, 직장 동료와 상사들의 한 마디 한 마디가 수십 년간 누적되면 한 사람의 자존감쯤은 쉽게 마모될 수 있지 않을까. 이런 방식으로 접근하면 낮은 자존감이란 상태가 누적된 사회적 폭력의 결과라는 관점이 생기고, 그러면 무엇을 고쳐야 하는지가 명확해진다. 투나는 도대체 부모로부터 어떤 이야기를 들어 왔고, 어떤 영향을 받았던 것일까. 그는 잠시 숨을 고른 뒤 이야기를 이어 나갔다.

"저는 많이 맞고 자랐어요. 그런데 맞는다는 경험이, '불의'라는 건 머리로 아는데 무의식중에 저장이 됐던 것 같아요. 그게 나의 잘못이라고. 제가 의식하지는 못했지만, 그게 켜켜이 쌓여서 제 자의식 속에, 자아상 속에, 뭘 잘못한 것도 아닌데 잘못했다고 생각하면서 일차적으로 내가 잘못했을지도 몰라, 하며 자기 검열이 되는 거죠. 그러니까 누구 앞에서 자기방어를 하지 못하게 되는 거예요. 근데 저는 이게 인생에서 가장 큰 상처였어요. 내가 괴로우면서도 자기방어를 하지 못하는 것이. 그렇다고 모르는 게 아니잖아요. 머리로는 상대방이 어떤 의도를 가지고 나를 괴롭힌다는 사실이 분석이 되는데, 스스로 방어하지 못하는 거예요."

그동안 조심스레 한 편씩 꺼내 놓던 루나의 드라마에 이런 반전이 숨어 있었다고는 전혀 생각하지 못했다. 빈곤, 부모의 이혼, 그리고 폭력까지. 어떤 아이라도 악영향을 받지 않을 수 없는 상황이다. 그리고 그 영향은 성인이 된 이후에도 쉽게 물리칠 수 없다. 하지만 여기서 루나의 이야기를 가정폭력 피해자의 스토리로만 봐서는 안 된다. 물론 물리적 학대는 매우 큰 트라우마를 낳는다. 하지만 지속적이고 은근한 정서적 학대를 받은 사람 역시 대부분 일그러진 자아상을 갖고, 모든 게 자신의 탓이라 생각하게 된다. 마음의 세포가 죽어 버리는 것은 똑같다. 뜨거운 불이 아닌 따뜻한 물에도 저온 화상을 입을 수 있는 것처럼 말이다.

루나에게 조직 생활은 가족 내에서 겪었던 트라우마를 반복적으로 강화하는 부정적 사회화 과정이었다. 특히 요즘처럼 따돌림과 멸시, 혐오가 모든 조직 생활 속에 스며든 시대에는 예전보다 훨씬 더 많은 사람들이 비슷한 메커니즘 속에 놓이게 된다. 가해자는 폭력에 중독되고, 피해자는 죄책감에 시달리며, 방관자는 무력감에 빠진다. 조금만 확대 해석을 해보면, 학교에서 폭력적인 경쟁 질서를 뚫고 나와 또다시 일터의 폭력적인 조직 문화에 길들여진 한국인들은 모두 이 '부당한 죄책감'으로부터 자유로울 수 없다. '헬조선'이라는 지옥을 만들고 관리하고 이득을 보는 사람에게 화를 내기보다, 지금 지옥에 있는 걸 보니 내가 죄인이구나 하는 생각이 드는 것이다.

자신을 둘러싼 폭력과 비극이 스스로의 잘못이 아니라는 것을 알면서도 자꾸 '나 때문이 아닐까' 의심하게 되는 경향. 가해자로부터 주입된 그 작은 생각의 파편은 시간이 흐르면서 점점 더 피해자의 내면을 파괴하게 된다. 그리고 곳곳에 존재하는 괴물들은 소중한 먹잇감인 피해자들을 귀신같이 알아차린다. 이렇게 일터에서 희생양을 찾는 사람들이 그를 먼저 알아보았던 것이 아닐까.

"그런 거 있잖아요. 초등학교 때 왕따는 중학교 가도 왕따가 되지 않나요? 저는 그게, 자기 자아상이 '왕따'로 형성이 돼서 그렇다고 생각하거든요. 환경이 바뀌어도, 스스로 왕따라고 생각하는 친구는 누가 괴롭히지 않아도 왕따처럼 행동을 할 거니까요. 그걸 알게 된 게 얼마 안 됐어요. 최근에 어떤 도움을 받을 수 있는 기회가 있었고, 그래서 그걸 이제야 처음 깨달았어요. 예전에는, 누가 '너 때문이야', '네 잘못이야' 이러면 말을 못했어요. 그 말을 잘 못한다는 게 이해가 안 되죠? 근데, 요즘엔 조금씩 제 소리를 꺼낼 수 있게 되었어요."

그동안 루나를 만나면서 가졌던 의문이 조금 풀리는 것 같았다. 굉장히 장점이 많은 사람인데, 왜 이렇게 계속해서 어려운 상황에 놓이게 되는 걸까, 더 깊숙이 뭔가가 있는 것 같은데 하는 생각을 했기 때문이다. 이쯤 되면 한 개인이 니트가 되는 과정에서 니트 당사자와 사회, 둘 중에 누가 더 잘못이 큰가를 따지는 것이 정말로 부질없어진다. 이미 사회에 나오기 훨씬 전에 개인이 처참하게 부서져 버린 상태라면 말이다.

"저는 니트 상태로 있었던 게, 일종의 자기 학대 같거든요. 그러니까 무엇을 하고자 하는 욕구를 거세당한 느낌이기도 하고. 그리고 그런 경험이 있다는 것을 사람들에게 숨길 수밖에 없으니까 더 죄인처럼 느껴지기도 해요. 사실 지금도, 당연히 인터뷰를 하는 아키 입장에선 많은 얘기를 들으면 들을수록 좋겠지만, 제 입장에서는 어느 정도까지 얘기해야 할지 고민이 돼요. 저에 대해서 편견을 가질 수도 있으니까. 근데 참 어려운 게, 이 경험을 말하지 않으면 나라는 사람이 설명이 안되는 게 있거든요."

자기 학대라. 고립-무위형 니트 상태의 본질을 이보다 더 잘 표현할 수는 없을 것이다. 세상으로 나아갈 수 없는 죄인이 되

유자살롱 부족파티를 위한 그림 '고마워' ⓒ 손나린

자기 자신이라는 우물을 들여다보고, 그 안에 빠져 보고,
그 밑바닥을 제대로 거닐어 본 사람은 서로를 알아본다.
'이 경험을 말하지 않으면 나라는 사람을 설명할 수 없다'는 루나의 말처럼
나를 드러내고 설명한 뒤에야 나를 이해받을 수 있으며,
누군가로부터 이해받는다는 것은
더 이상 고립되지 않아도 된다는 것을 의미한다.
비슷한 경험을 하고, 서로가 서로에게 도움이 될 수 있음을 확인한 사람들.
깊은 곤란함을 겪었던 사람들에게 이런 '부족'들과의 만남은
상상할 수 없을 만큼 큰 도움이 된다.

어 스스로를 학대하는 일상이 하루하루 이어질 뿐이니 말이다. 루시드폴의 노래 중에 "혼자라는 게 내겐 지울 수 없는 낙인 같아. 살아가는 게 나를 죄인으로 만드네"라는 구절이 있다. 한국에서 고립 상태에 놓인다는 것은, 본인이 선택했건 아니건 간에 그를 죄인으로 만든다. 나 역시 오랜 세월 동안 심적으로 고립된 사람이라는 내 삶에 지어진 낙인이 부끄러웠고, 그것이 밖으로 드러날까 두려웠다. 그러다가 비슷한 낙인을 가진 사람들을 만났고, 그 사람들이 부끄럽게 느껴지지 않았고, 그래서 우리의 이야기를 하기 시작했다. 자기 자신이라는 우물을 들여다보고, 그 안에 빠져 보고, 그 밑바닥을 제대로 거닐어 본 사람은 서로를 알아본다. '이 경험을 말하지 않으면 나라는 사람을 설명할 수 없다'는 루나의 말처럼 나를 드러내고 설명한 뒤에야 나를 이해받을 수 있으며, 누군가로부터 이해받는다는 것은 더 이상 고립되지 않아도 된다는 것을 의미한다. 그제서야 루나가 왜 자신과 비슷한 사람들을 만나서 이야기 나누는 것을 그토록 원했는지 좀 더 이해할 수 있었다. 그리고 그가 자신의 방에서 죄책감을 등에 업고 살아온 시간을 넘어서는 순간, 무중력한 사람들을 연결하는 중요한 역할을 할 수 있겠다는 믿음이 생겼다.

: 3장

즐거운 네트워커의 우울

_ 윤자

윤자는 현재 37세이며, 학부에서 사회학을, 석사 과정에서 문화학과 젠더를 공부했다. 대학교 취업상담실 비정규직, 비영리 단체 사무국장, 사회적기업이 설립한 대안학교에서 파트타임 교사로 일한 경험이 있다. 이후 주거와 일이 결합된 청년 커뮤니티를 통해 카페를 운영하는 일 등을 해나가고 있다.

윤자와 알고 지낸 지는 벌써 10년이 넘었다. 대학원 시절, 한 비영리 단체에서 프로젝트를 돕고 있던 중에 만난 윤자의 첫인상은 밝고 긍정적이며 여행과 음식을 좋아하는 평범한 대학생의 이미지였다. 대학원 후배로 들어와 연구실 모임에서 만날 때도 마찬가지였다. 그는 늘 싹싹한 말투와 정감 있는 표정으로 주변을 편안하게 만드는 네트워커의 자질을 지닌 사람이었다. 그래서 나중에 그가 심리적으로 어려운 시기를 보내고 있다는 말을 전해 들었을 때도 그냥 석사 논문 스트레스 때문이겠지 하며 지나쳤다. 그의 진짜 고민들을 알게 된 것은 먼 훗날 그가 스스로를 치유하기 시작한 이후, 페이스북에 이따금씩 쓰는 글들을 통해서였다.

다행히 윤자는 몇 년 전 한 청년 커뮤니티를 만나 차근차근 자기만의 속도를 찾아가는 중이었다. 여전히 자괴감과 우울감은 주기적으로 찾아오지만 그 감정을 관리하는 법을 아는 듯했다. 인터뷰를 위해 윤자가 일하는 시립 시설 내의 카페에 도착했을 때, 그는 활기찬 목소리로 맞아 주었다. "아키, 뭐 시원한 거 한 잔 말아 줄까요?"라며 얼굴의 반 이상을 웃음으로 가득 채우는 그는, 10년 전 내가 보았던 그 네트워커 그대로였다. 유자에이드 한 잔을 쭉 들이켜고 나서, 요즘 어떻게 지내는지 물어보았다.

"요즘은 여기 카페에서 일주일에 사흘, 월화금 여섯 시간씩 일을 해요. 카페에서 일해서 버는 수입은 매달 50~60만 원 정도? 쉬는 날에는 쉐어하우스에서 놀고 청소하고. 수요일에는 빵을 구워서 팔고. 물론 그것도 유급 노동이지요. 목요일에는 '적게 일하고 행복하기' 모임을 하고, 일주일에 세 번 요가하러 가요."

음, 음? 좀 곤란한데. 이건 지나치게 행복한 삶이 아닌가. 물론 애초에, 한때 니트 상태를 겪었지만 커뮤니티를 만나 지속 가능한 노동을 선택하며 행복을 찾아가는 긍정적인 사례를 소개하고 싶어서 윤자를 만나러 온 것이긴 했지만, 그래도 너무 잘 살고 있는 게 아닌가 싶었다. 명색이 마이너리티 리포트인데, 인터뷰 사례로 못 쓰면 어떡하나 잠시 고민했으나, 그의 옛 이야기가 시작되면서 기우였음을 알게 되었다.

윤자는 2000년에 대학에 입학했는데, 학부과정을 다닐 때는 영화에 빠져서 전공인 사회학 과목보다 영화 관련 수업을 더 많이 들었다. 자연스럽게 영화 홍보 일을 꿈으로 삼게 되어서 수업 따위는 제쳐 버리고 영화 시사회에 가는 일이 부지기수였다. 대학교에 입학하자마자 엄마가 배낭여행을 가보라고 해서 체코와 독일로 자유 배낭여행을 갔고, 나중엔 영국으로 어학연수를 가서 한참 여행도 다녔다. 여기까지는 내가 보았던 첫인상과 크게 다르지 않았다.

대학원 진학은 딱히 진로를 고려해서 내린 결정이 아니었다. 대학교 3학년 때 전철에서 성추행을 당한 적이 있는데 그 사건을 계기로 젠더 관련 공부에 관심을 갖게 되었다. 그런데 그렇게 자연스레 진학한 대학원에서 문제가 터졌다.

> "첫 수업에서 난생 처음 위경련을 겪었어요. 그땐 그게 위경련인지도 몰랐죠. 너무 배가 아파서 계속 들락날락했던 기억이 나요.

대학원 시절은 이제 와서 돌이켜 보면 내내 우울증에 빠져 있었던 것 같아요. 수업 조교여서 대형 수업에 들어가야 할 일이 있으면, 한두 시간을 강의실 밖에서 맴돌았어요. 사람들 얼굴을 못 보겠더라고요. 그래도 막상 사람들을 만나면 웃고 그래서 다들 괜찮다고 생각했는데, 사실은 아니었던 거죠. 그러면서 해가 갈수록 몸도 안 좋아지고, 갑상선이 안 좋아져서 병원도 다니고 입원도 했었어요."

그가 어둡고 심각한 표정을 짓고 있었더라면 사람들이 다르게 생각했을지도 모른다. 하지만 늘 웃고 낙천적으로 보이는 윤자가 수업에 못 들어가고 과제 글을 쓰지 못했을 때, 주변 사람들은 그저 의지가 약하거나 게으르다고 생각했다. 이건 청소년들도 비슷하다. 고개를 푹 숙이고 다니며 죽고 싶다고 이야기하는 아이는 부모와 교사의 관심을 받기 때문에 오히려 안전하다. 정말 위험한 경우는 겉으로 허허 웃고 있지만 속이 썩어 문드러진 아이들이다.

"돌이켜 생각해 보니 열여섯 살 때 부모님이 별거를 시작했고, 학교에서 따돌림을 당했어요. 그런데 그때도 나는 괜찮다, 티 안 내고 다녔어요. 내가 힘들다는 것을 남이 알면 안 된다고 생각했던 거였어요. 이걸 깨달은 것도 정신과 다닌 지 1년 반이나 지나서였죠. 저는 서른 살 때 정신과 갔던 게 인생에서 제일 잘한 일

같아요!(웃음) 우울증은 뭐랄까, 내가 폭삭 망해 가는 모습을 유체 이탈해서 옆에서 지켜보는 기분이에요. 한창 우울했던 2007년부터 2010년까지는 전체적으로 기억이 잘 안 나요. 그때는 정말 열심히 놀았죠. 무라카미 하루키 인터넷 동호회에서 밤새 술 마시면서 놀았어요. 그냥 필름이 끊길 때까지 마셔요. 나중에 어떤 친구가 말해 줬는데, 그때 제가 필름 끊길 정도로 취하지 않으면 못 견디는 것처럼 보였대요. 그땐 스스로 막 즐겁게 놀아야 한다는 강박관념 같은 게 있었던 것 같아요. 아무것도 안 하는 시간이 너무 두려워서 토요일이 되면 씨네큐브라도 가고 계속 누구를 만나야 하는 거예요. 혼자 있으면 너무 우울하니까."

너무 우울하니까 밖에 나가서 사람을 만날 수밖에 없다. 어쩌면 이 지점이 한국과 일본의 니트를 구분하는 중요한 차이일지 모른다. 일본 니트-히키코모리 지원 기관들과 오랫동안 교류하면서 가장 의아했던 것은 니트와 히키코모리 개념을 엄밀하게 구분하지 않는다는 점이었다. 궁금함을 참을 수 없어 한 교수에게 물어 보니 히키코모리는 밖에서 일을 할 수 없어서 자동적으로 니트가 될 수밖에 없고, 니트 역시 일을 하지 않다 보면 대부분 히키코모리와 다름 없는 삶을 살게 되기 때문이라고 답했다.

그런데 한국에서는 사회적, 심리적으로 고립된 사람들이 오히려 더 활동적인 경우도 많다. 가만히 있기에는 현재의 압력이 너무 강해서 그 압박을 잊고 몰입할 대상이 필요한 것이 아닐까. 너무 불안하니 뭐라도 해야 하는 것이다. 그런데 이런 경우 주변 사람들은 그가 방탕한 생활을 하거나 풍류를 즐기고 있다고 생각하기 때문에 그가 문제적 상황에 놓여 있다고 전혀 생각하지 못한다. 마치 노인들의 알코올 중독 문제가 아무리 심각해져도 사회적으로 '노인네가 술 좀 먹는 게 뭐가 어때서'라는 관념이 문제 자체로 포착되지 않는 것처럼 말이다. 물론 당사자는 마음 깊숙한 곳에서 알아챌 수도 있겠지만 이 정도 상태라면 스스로를 속이는 것 역시 얼마든지 가능한 일이다.

"집에 있던 시절에도 집에만 있지는 않았어요. 집에 있으면 너무 괴로우니까요. 엄마가 하다못해 헬스라도 다니라고 하니까요. 그래서 오후 4시가 되면 집을 나가서 부모님 잠들 때까지 스타벅스에 있었어요. '자기만의 방'이란 게, 한국에서는 집 안이 아니라 카페에 존재하는 거죠. 부모님 때문에. 방배동 스타벅스에 가보면 저 같은 사람이 몇 명 있어요. 평일에 저처럼 매일 나와서 아무것도 안 하는, 공부하거나 작업하는 게 아닌 사람요. 하도 매일 오니까 나중에는 매장 직원이 커피를 리필해 주더라고요. 쉬어도 뭘 해야 하는데 아무것도 안 하는 걸 부모님한테 보여 줄 수 없으니까 반포천을 많이 걸었어요. 저랑 비슷한 시기에 회사를 그만둔 친구가 있었는데 부모님이 구박을 너무 하셔서 온몸에 진물이 났대요. 그 친구도 하염없이 걸었다고 했어요."

쉬어도 부모님 때문에 '뭐라도 하는 것처럼' 보여야 하고, 부모님 등쌀을 못 견뎌 자신의 방이 아닌 스타벅스라는 열린 공간에 고립될 수밖에 없다는 이야기는 한국 니트의 특수성을 여실히 드러내 준다. 한국에는 니트와 비슷한 마음 상태를 가지고도 일을 하고 있는 경우가 많다. 사회적 삶을 완전히 포기하지 않는 한 계속해서 일터에 나가야 하기 때문에, 길바닥에 주저앉고 싶은 마음을 안고 계속 일을 하는 것이다. 하지만 이것은 문제를 유예시킬 뿐 해결하지 못한다. 어쩌면 이들이 일이나 관계에서 잠시 멈춤을 행하지 못하는 사이, 상처는 안으로 더 곪아 가고 있는지도 모른다.

"제가 있는 쉐어하우스에서 일하다 보면 혼자 있는 시간을 만들지 않고, 끊임없이 사람을 만나서 자기 얘기를 하는 사람들이 있어요. 그런 사람들을 보면 이제는 '저 사람이 견뎌 내려고 굉장히 애쓰는구나' 하는 생각이 들어요. 경제적 여건이나 사회적 시선 때문에 일을 그만둘 수 없으니 자기 자신이 잘 보이지 않을지도 모르죠. 뻗을 자리, 누울 자리를 만들어 주면 발 뻗고 확 내려가요. 정말 매일 알코올 중독자처럼 사는 거죠. 그런데 계속 받아주다 보면 서서히 올라와요. 그런 게 최소 2년 정도는 필요하죠. 한국에서는 인세나 사기가 '뭐 하는 중'이라는 걸 밝혀야 하잖아요. 다른 사람들은 달리고 있는데 나만 걷고 있는 느낌이 들면 무섭고요. 그런데 우리 커뮤니티에서는 무언가 준비 중인 척을 하지 말자는 분위기예요. 그래서 제가 많이 좋아졌어요. 예전엔 다른 사람들은 달리는데 나만 걷는 것 같아서 불안했다면, 지금은 남들 뛰더라도 나는 기어가자는 생각?(웃음)"

그렇다면 윤자는 왜 그토록 적게 일하고 행복해지기를 바라는 것일까. 얼마나 일을 많이 해보았길래, 혹은 행복해지지 못했길래. 과거에 어떤 일을 해보았는지 물었다.

"처음 제대로 일해 본 건, 학교 취업 상담실에서 계약직으로 8개월 일했던 거예요. 그 뒤엔 학교 인력개발원 프로젝트를 세 가지 정도 했고, 조그만 비영리 단체에서 사무국장으로 6개월 일했고, 사회적기업에서 8개월 정도 일했죠.
취업 상담실에서 일할 때 처음에는 주 20시간으로 계약을 했는데, 막상 일을 해보면 그렇게 안 돼요. 주어진 일을 되게 하려면 항상 계약보다 일을 많이 하게 되는 거죠. 나중에 정직원으로 계약하려면 지금 일을 잘해 둬야 한다고. 그때는 무서워서 그렇게 해야 하는 줄 알았어요. 정직원이라고 해도 계약직인데 박사학위 받고 온 계약직들이 정규직 교직원보다 일은 더 많이 했어요. 제 친구가 당시 의대 쪽에서 조교를 했는데 150만 원 받고 주 6일 일했대요. 90퍼센트 여자였고. 암튼 그분들이 정규직 교직원들한테 딸랑딸랑하는 모습 보고, 그 미래도 좋아 보이지는 않아서 끝날 때 저는 재계약 안 할 거라고 했죠."

그놈의 부당한 근로 환경! 하지만 단지 불공정 계약만의 문제는 아니었다. 근무 환경과 조직 문화, 롤 모델의 부재 등 전방위적으로 실망감을 안게 된 것이다. 그리고 이런 부조리는 단지 영리 영역에서만 존재하는 문제가 아니었다.

"그 뒤로 사회적기업이 만든 대안학교에서 일했는데, 똑같은 과정이 되풀이됐어요. 처음엔 20시간 일하고, 출근은 토요일에만 하면 된다고 했는데 하다 보니 목금토일을 나가고 있더라고요. 처음 한 달 동안 몸이 엄청나게 안 좋았는데, 그렇게 아파도 대체할 사람이 없으니까 하루도 쉴 수 없는 거예요. 일이라는 게 이런 걸까 생각했던 것 같아요. 받는 돈에 비해서 하는 일이 엄청 많았죠. 귀찮은 일은 다 했어요. 그런데 윗사람 두 명을 보니 저보다 더 일을 많이 하는 거예요. 몸을 망쳐 가면서 일하는 게 나의 미래인가 싶더라고요. 재미는 있었는데 미래가 안 보였던 거죠. 그래서 또 우울해졌어요."

취직을 못 해도 문제지만 해도 문제다. 대부분의 청년들에게 한국의 일터는 몸을 망쳐 가며 일해도 훗날 보상받을 가능성이 매우 적은, 그야말로 투자 가치가 낮은 베팅이다. 이렇게 전망이 없다는 것, 미래가 보이지 않다는 것, 피라미드의 윗 단계로 올라가도 별로 행복해 보이지 않다는 것이 윤자가 경험한 일 세계의 핵심이었다. 그렇다고 그가 대충 일한 것은 아니다. 주변 사람들은 오히려 그가 너무 완벽주의여서 시키는 것 이상으로 일을 했다고 평하기도 했다. 옆에서 볼 때는 정말 좋아서 하는 것처럼 보였기 때문이다. 윤자도 이 지점에 대해 동의했다.

"어쩌면 일을 하면서 관계가 얽혀 있을 때, 일의 관점에서 보지 못하고 사람들의 기대에 부응하려고 내가 하고자 하는 방향이 아닌데도 가려고 했던 것 같아요. 나의 욕망과 주변의 기대를 제대로 구분하지 못했던 거죠. 그 시절에 상담해 주시던 정신과 의사 선생님이 저에게 『착한 아이의 비극』이라는 책을 읽으라고 하더라고요. 아이가 부모의 기대에 부응하려 노력하다가 무기력해지거나 방향을 잃어버리는 경향에 대한 책이었어요."

청년기에 큰 성취감과 성공을 경험한 부모들의 경우, 직업 세계에 대한 구체적이고 직접적인 조언을 마다하지 않는다. 30여 년 동안 일의 세계와 사회적 맥락이 달라졌지만, 자식들로서는 부모보다 더 탁월해질 수 없다는 것을 알기 때문에 기에 눌려 차이를 이야기하지 못하거나 스스로를 속이고 만다. 이렇다 보니 자녀의 일을 둘러싸고 폭력에 가까운 비대칭적 권력 구조가 존재하는 경우도 허다하다. 윤자의 경우는 엄마와의 관계가 문제의 핵심이었다.

"제 석사 논문 연구 대상이 저랑 비슷한 사람들이었어요. 엄마랑 굉장히 친해서 친구 같은 모녀처럼 보이지만 사실은 그렇지 않은 관계의 여성들. 가장 큰 문제는 엄마가 자기 딸이 남들과 '다른' 딸이기를 바라지만 정작 '어떤' 딸이었으면 좋겠는지 명확한 상이 없는 거예요. 뭔지는 모르지만 일단 내 딸은 달라야 한다는 거죠. 그러니 결국 다 잘해야 돼요. 이 딸들이 입시까지는 높은 성취를 했는데, 사회에서 문화 관련 일을 하면서 성취랄 것이 별로 없으니 곤란한 거예요. 그래서 딸들은 일터에서도 힘든데 집 역시 쉬는 곳이 아니라 또 하나의 무대이기 때문에 집에서도 공연을 해야 해요. 이 길이 아닌 걸 알면서도 그동안 수혜를 받은 것 때문에 부모님에게 미안해서 경로를 재조정하지 못하고 그냥 유예시키는 거죠. 자기 꿈을 유예시킬 목적으로 다들 대학원을 선택하곤 했어요. 이들이 힘들어할 때마다 엄마로부터 제일 많이 들은 얘기가 '관둬', '유학 가', '그거 몇 푼 받는다고 그러고 있니'였대요. 그 말이 자신을 더 움츠러들게 하죠. 저도 그런 얘기 많이 들었어요. '때려 쳐', '관둬', '유학 가'. 고등학교 친구들 중에 강남 출신 여자애들 보면 지금도 일 안 하는 애들이 많아요. 어떻게 보면 저랑 비슷하죠. 남들이 알아서는 안 되니까 인스타그램에 즐거운 사진을 올리고 있는데, 사실은 거의 아무것도 안 하고 있어요."

명확한 상이 없으면서 잘하길 요구하기 때문에 '다 잘해야' 한다는 대목에서 많은 청년 노동자들이 자신의 직장 상사를 떠올릴 것이다. 능력을 평가하는 기준은 마련되어 있지 않은 채

신자유주의와 함께 갑자기 도래한 능력주의는 사람들로 하여금 말라죽을 때까지 노오력하게 만들 뿐이다. 그런데 이런 사람 잡는 평가가 가족 내에서 이루어지고 있다고 생각해 보라. 그곳은 지옥이다.

이런 맥락에서 니트 청년들로서는 부모와의 악순환을 끊는 것이 매우 중요하다. 일본에서 대부분의 니트-히키코모리 지원 조직들이 당사자들을 가정에서 끄집어내 공동생활을 하게 하는 이유도 여기에 있다. 그런데 일본에서는 부모가 한 해 수천만 원에 달하는 합숙 비용을 지불할 만큼 사회적인 공감대와 방법론이 어느 정도 자리 잡았지만, 전문 지원 기관이 없는 한국에서는 니트 청년이 심리적, 경제적으로 부모의 영향력에서 벗어나기가 쉽지 않다. 부모와의 잘못된 관계를 끊어야 세상으로 나아갈 수 있는데, 세상으로 나아가지 못했으니 끊을 수가 없다. 영원한 악순환의 고리 속에 놓여 있는 것이다.

> "우리 집은 남한테 어떻게 보이는가가 되게 중요하구나 하는 생각을 해요. 지금도 엄마는 친구들한테 제 얘기를 잘 안 해요. 사랑의 방식인지는 모르겠지만 부모님은 저를 잘 안 믿어요. 집에서 음식이라도 하려 하면 제가 불 앞에 가는 걸 못 봐요. 아끼는 마음도 있는 거겠죠. 그런데 말로는 '네가 뭘 할 줄 안다고'라고 해요. 제가 우리 쉐어하우스에서는 음식 잘하기로 소문났거든요. 집에서는 인정받기가 어렵지만요. (논문에 나오는 사례들도) 부모

의 사랑과 인정을 받고 싶어서 착한 아이가 되려고 했던 건데, 결국 그게 안 되는 거죠."

이것 역시 일터에서 똑같이 반복되는 이야기다. "네가 어른스럽지 않으니 너를 믿을 수 없다"는 부모의 말은 "네 노력과 능력이 충분하지 않으니 믿을 수 없다"라는 상사의 말과 똑같다. 그런데 미덥지 못한 면이 있더라도 먼저 믿어 주고 자율성을 부여하지 않으면 아이는 절대 어른이 될 수 없고 초보자는 전문가가 될 수 없다. 이것은 어른이라면 누구나 아는 사실이고, 그 사실을 모르는 어른은 진짜 어른이 아니다. 그런 의미에서 이 사회에는 어른인 줄 착각하는 어른과, 그들 밑에서 어른이 되지 못한 만년 청년들만이 존재하고 있는지도 모른다.

일반적인 경우라면 "부모님과의 관계가 해결되지 못한 게 가장 아쉬워요(한숨)"라는 식으로 인터뷰가 끝났겠지만 윤자의 경우는 다르다. 가족은 가족이고 자신의 삶은 자신의 삶이다. 가족 내의 문제를 해결하지는 못했지만 다음 단계로 나아가고 있기 때문이다. 그럴 수 있는 것은 '유사 가족'이라 할 수 있는 공동주거 커뮤니티 덕분이다. 비슷한 경험을 하고, 서로가 서로에게 도움이 될 수 있음을 확인한 사람들. 깊은 곤란함을 겪었던 사람들에게 이런 '부족'들과의 만남은 상상할 수 없을 만큼 큰 도움이 된다.

: 4장

문화사회의 끝을 잡고

_ 로빈

로빈은 현재 37세로, 대학에서 영문학을 전공하고 대학원에 진학, 신문방송학을 전공했다. 방송작가, 국회 인턴, 방송 번역 아르바이트, 영어 학원 강사 등의 일을 해왔다. 지방에 거주 중이지만 지병 치료를 위해 지속적으로 서울을 왕래하고 있다.

로빈을 처음 만난 건 2013년 여름이었다. 당시 나는 한국고용정보원의 청년 니트 실태 조사에 연구협력관으로 참여하여 질적 연구의 설계와 연구 참여자 채용 설명회 등에 도움을 주고 있었다. 당시 로빈이 속한 심층면접 그룹은 방송, 영화, 연극 등 문화예술 분야에서 일한 경험이 있는 청년들이었다. 따라서 업종 자체의 특수성에 기인한 구조적 니트였을 뿐 고립-무위 상태를 심하게 겪지 않은 경우가 대부분이었다. 그중에서 로빈이 특히 기억에 남은 이유는 이른바 문화적인 일을 지향하는 고학력 니트가 경험하는 전형적인 에피소드를 모두 갖고 있었기 때문이다. 로빈을 소개했던 친구를 통해 그 뒤에도 가끔 소식을 듣기는 했지만, 왠지 이번 기회에 다시 한 번 만나 보고 싶었다.

그를 3년 만에 다시 만난 건 어느 일요일 저녁, 신촌에 있는 한 모임 공간에서다. 인터뷰 녹취를 위해 조용한 공간을 골랐는데, 그곳에 들어서자 문득 내가 취업 준비생이 된 듯한 느낌이 들었다. 미래를 위해 공부하고 네트워킹하기 위해 시간당 비용을 지불해야 하는 비좁고 인위적인 상업 공간, 왠지 이 책의 인터뷰에 이곳보다 더 어울리는 곳은 없겠다는 생각이 들었다.

같은 건물에서 일정이 있었던지라 로빈은 약속 시간보다 조금 일찍 도착해 있었다. 잘 아는 사이도 아니어서 어색할 법도 한데 "와하하, 오랜만이네요" 하면서 나를 반갑게 맞아 주었다. 책의 취지를 설명하고 인터뷰를 부탁하기 위해 통화를 했을 때도 느꼈지만, 그의 목소리는 생각보다 밝았다.

요즘 어떻게 지내는지 물어보니, 건강이 좋지 않아 병원에 다니면서 쉬엄쉬엄 번역 일을 한다고 했다. 지병이 있다는 사실은 지난번 그룹 심층면접 때도 얼핏 들은 것 같다. 가볍게 안부를 나누고 그동안 어떻게 살았는지를 시간 순으로 체크했다. 그 과정에서 로빈의 인생에는 유독 '시도와 망설임'으로 인한 빈 구멍이 많다는 사실을 깨달았다. 로빈은 2000년 서울의 한 대학

영문과에 입학해서, 2010년 논문을 쓰지 못한 채로 신문방송학과 석사 과정을 수료했다. 10년 가까이 학생으로 보낸 시간 동안 일을 한 경험이 많지는 않았다. 대학원을 다니던 2009년 무렵 공중파 방송국 시사보도국에서 방송작가를 3개월가량 했고, 그 후 국회에서 무급 인턴을 하거나 방송 번역 아르바이트, 영어 학원 유아반 강사, 과외 등의 일을 했다. 특히 지난 3년간은 고용 통계상 '쉬었음'에 해당하는 시간이었는데, 그렇다고 푹 쉬지도 못한 것 같았다.

"그동안 쉬었다기보다 글을 쓰려고 수업도 듣고 그랬는데, 워낙 우유부단하고 이것저것 관심이 많아서 진득하게 못했지요. 학원 강사나 과외 같은 일도 해봤는데 다 3개월 이상 한 게 없고 어디(이력서)에 쓰지도 못할 것들이라. 부모님은 취직은 포기했으니 그냥 글 쓰라고, 작가가 되라고 하세요."

로빈이 어릴 적부터 하고 싶었던 건 글쓰기였다. 그래서 영문과를 선택했는데, 이내 자신이 문학작품을 쓸 그릇은 아니라는 걸 깨닫고 신문방송학과 대학원에 진학해서 영화 비평을 공부했다. 연출가가 되기는 힘들 것 같아 방송작가에 도전했고, 연극을 좋아해서 희곡을 써보려 노력했다가 망했고, 동화작가가 되고 싶어서 전문 학원을 다니려다가 등록금이 비싸서 포기했다. 시도에서 망설임과 포기로 이어지는 청년기. 요즘 세상에 드문 일은 아니다. 지금은 어떤 글을 쓰냐고 했더니 이미 존재하는 인물들을 가지고 새로운 이야기를 만드는 작업을 연습 삼아 한다고 했다. 인물로 이야기를 만든다? 혹시 팬픽(김일태, 2015)*을 얘기하는 거냐고 물었더니 멋쩍게 웃으며 맞단다. 사실 그날도 한 남자 배우의 팬들이 모여 그의 영화를 단체 관람하느라 서울에 올라온 것이었다.

로빈의 존재를 처음 알게 된 것은 그가 친구의 시를 영문으로 번역해 주었을 때였다. 한국어로도 꽤나 어려운 시였는데, 그가 매우 뛰어나게 번역을 해냈다고 들었다. 그런데 한국에서는 '잉여 짓'으로 취급되는 팬픽을 요즘 쓰고 있다니. 아무리 장르 문학에 대한 편견이 없다 해도 좀 의아했지만, 뭐 그런가 보다 하고 넘어갔다. 그런데 팬픽이 무엇인지 알면서도 크게 놀라거나 별다른 가치 판단을 하지 않는 나의 태도를 보면서, 로빈은 마음이 편해졌는지 조금씩 마음속 이야기들을 꺼내기 시작했다.

"사실 무기력해요. 너무 심해지니까 기억력도 나빠지는 것 같아요. 자신감이 떨어진달까. 이제는 자주 쓰던 영어 단어도 기억이 안 나요. 원래 남들은 영한번역보다 한영번역을 어려워하는데,

* 팬픽은 팬(Fan)과 픽션(fiction, 소설)의 합성어로 자신이 좋아하는 유명인이나 유명 작품을 주인공으로 하는 작품을 의미한다. 팬이 만드는 2차 창작물인 셈이다. 만화, 소설, 영화, 드라마 등 장르를 구분하지 않고 대중적으로 인기를 끄는 작품을 대상으로 팬들이 자신의 뜻대로 재창작한 작품들을 말한다.

저는 유의어 사전 뒤져 보면서 한영번역하는 거 좋아했거든요. 그런데 이제는 엄두도 안 나요. 원래 나가는 거 싫어하는 집순이인데도, 3~4일 집에 있으면 미칠 것 같아요. 그러면 나가서 카페 같은 데 틀어박혀서 컴퓨터나 하고 있고 그러죠."

내내 웃고 있던 그의 표정에 답답함이 두 큰 술 정도 가미됐다. 어쩐지 이 정도 오랜 기간 니트 생활을 했으면 고립감이 크지 않을까 싶었는데, 역시 그랬다. 일단은 계속 듣기로 했다.

로빈은 언젠가부터 대학 친구들, 대학원 친구들과 연락을 하지 않게 되었다. 서로 삶이 너무 달라져서 별로 할 말이 없기 때문이란다. 그런데 그가 들려주는 과거와 현재 친구들의 이야기가 오히려 더 흥미로웠다.

"최근 1~2년 사이 친구들이 대부분 결혼을 했는데, 결혼하면서 다들 일을 그만두었어요. 제일 친한 고등학교 때 친구는 대전에서 중소기업 대표 비서를 했거든요. 돈은 정말 조금 받고 별별 일을 다 했어요. 그래서 회계 관련 자격증을 따서 이직을 해볼까 하다가 결혼을 하게 돼서, 자격증 따놓고 임신해서 쉬고 있어요. 또 다른 대학 친구는 두 살 된 아들이 있는데, 결혼 전에 서울○○대학 건축연구소에서 행정조교를 했어요. 제가 그랬던 것처럼 '비용 처리'되는 조교였는데 계약 연장을 거듭하다가 결혼하면서 관뒀어요. 아마 다시 못 돌아갈 것 같아요. 애기 크고 나면 텔

레마케터나 할까 하더라고요. 원래 집이 어려워서 대학 다니면서 계속 알바를 해야 했던 애거든요. 공부할 시간이 없다 보니 당연히 학점은 안 좋았어요. 친구 관계가 넓진 않지만, 주로 제 친구들은 다 대학원을 나와서 조교로 갔어요. 근데 요샌 다 계약직이라서…, 다들 다시 계약을 했나 모르겠네요. 저도 아빠 일하시는 학교에 조교 자리라도 해볼까 알아본 적이 있는데, 요즘은 서울대 나오고 해외에서 박사 따고 온 애들이 다 조교하러 온대요."

순간 그동안 수많은 연구 기관을 드나들며 마주쳤던 석사 출신 보조연구원들이 생각났다. 주로 30세 내외의 여성으로 1년 계약직이던 그들은 지금 무엇을 하고 있을까. 끊임없이 회의 일정을 잡고 회의록을 작성하고 자문비를 정산하는 일은 1년씩 차곡차곡 쌓이면 경력이 되는 걸까. 그 일을 하지 않으면 그들은 다른 정제성에 만족하며 살까. 회계 자격증을 딴 '비서 친구'는 아이를 키운 후 다시 일을 하게 될까. 그랬을 때 그들이 일했던 과거 경력은 어떤 의미가 있을까. 잠시 이런 헛헛한 상상을 하다가 로빈에게 웃으며 이런 말을 건넸다.

"친구들 상황이 로빈보다 별로 낫지 않네요."

로빈도 생각해 보니 그렇다며 허허 웃었다. 죽어라고 일하다가 니트와 다름없는 마음 상태에 이른 것과 그냥 처음부터 니트 상태인 것 중 어느 쪽이 더 나은 걸까. 명문대를 갔지만 학비를 버느라 공부할 시간이 없어서 비정규직으로 경력을 시작했다가 결국 때려치웠다는 친구는 어떤 삶을 산 것인가. 이건 마치 경력이 없어서 신입사원으로 뽑히지 못한다는 식의 순환론적인 개그를 듣는 것 같았다. 물론 아무도 웃을 수 없는 개그이지만 말이다.

이렇게 삶의 경로가 달라져서 옛 친구들과 소통하기가 불편하다 보니, 현재 로빈은 트위터와 배우 팬모임을 중심으로 관계가 형성되어 있었다. 로빈이 비교적 나이가 많아서 언니처럼 동생들을 토닥거려 주는 역할을 하고 있다. 동생들은 대부분 20대 여성인데, 맨날 전화를 걸어서 진로 상담을 한다고 한다. 이 대목에서 로빈은 또 한 번 허허 웃었다. 도대체 누가 누구에게 진로를 물어보느냐며. 그런데 엄청나게 노력하면서 산다는 젊은 친구들의 삶도 괜찮아 보이지는 않았다.

> "한 친구가 전문대 나와서 알바를 하는데, 열심히 일해서 제과제빵 전문 체인점의 점장이 되었대요. 그런데 다른 매장에서 일하라고 계속 돌린대요. 점장급이 됐다고 해서 시간을 투자한 만큼 대우가 만족스럽지도 않고요. 부모님 집에서 나오고 싶은데 제대로 된 집을 구할 돈은 없고, 고시원 첫 달 월세 내고 나니 남는 게 없더래요. 더 급여가 센 알바를 구해야겠다 싶어서 놀이공원에 갔더니, 거기는 몇 개월간 인턴을 해서 평가를 잘 받아야 채용될 수 있고 그마저도 확실하진 않대요. 그래서 어떻게 해야 하냐고 저에게 묻는데 뭐라고 대답해야 할지 모르겠더라고요. 그냥 너의 꿈은 뭐냐 했더니 바텐더 자격증을 따서 호주나 미국에 가는 거래요."

도대체 이 나라에서 아르바이트의 개념은 어디까지 확장되고 있는 것일까. 수억 원이 투자된 프랜차이즈 매장의 상근 점장도 알바고, 3개월간 인턴십을 견뎌야 들어갈 수 있는 일자리도 알바라니. 예전 같으면 엄연히 직장이라고 생각했어야 하는 일들이 죄다 알바가 되고 있다. 이제는 정규직이냐 비정규직이냐의 수준이 아니라, 알바 딱지를 떼고 노동자가 되는 것도 하늘의 별따기가 되었다. "답이 없네, 답이 없어!"라고 외치는 인터넷 이미지가 떠오를 뿐이다. 날마다 노오력 중인 청춘들에게도 미래는 탈조선 아니면 니트밖에 없는 건 아닐까.

사실 로빈도 노오력하는 청춘일 때가 있었다. 하지만 그가 경험한 일의 세계는 죄다 먹이사슬의 끝자리였다. 2009년, 3개월간의 방송작가 경험은 '정규직'과 '계약직', 그리고 '계약조차 안 되어 있는 사람들'로 이어지는 그 사슬을 잘 보여 준다.

"좋았던 건 방송이 끝난 뒤 자막에 내 이름이 나올 때뿐이었죠. 제일 화가 났던 건 기자들이 남자 엘리트가 많으니까 나이 어린 여자 작가들을 무시해요. 바로 위의 계약직 작가들이 또 무시하고. 자리에 컴퓨터도 없고, 인스턴트 커피도 좋은 거는 못 타먹어요. 차별이죠. 계약직들이 바쁘다고 자기들이 할 일을 미루는데, 그러다 싸우면 기자들이 그쪽 편을 들어요. 작가들이 못 버티고 자꾸 그만두니까 방송사 게시판에 계속 사람 찾는 공고가 나요. 즐겁게 들어가서 열심히 일했지만 굉장히 실망하고 나왔어요.

인간적인 모멸감이 제일 컸죠."

니트 관련 인터뷰를 하다 보면 내가 노무사가 된 게 아닌가 싶을 때가 많다. 분명 일하지 않는 사람들에게 왜 일하지 않느냐고 물어보는 자리인데, 그들의 이야기를 듣다 보면 어느새 이런 상황에서 일할 수 있는 사람이 비정상이라는 사실을 깨닫게 된다. 임금 체불과 부당한 연장 근로는 물론이고 성차별이나 인권 모독이 일상인 대한민국의 일터. 문화예술계부터 공공 영역까지, 아르바이트부터 대기업까지 어딜 가나 마찬가지다. 지금은 그나마 공론화가 조금씩 되고 있지만 2009년이면 '열정 착취'라는 단어가 나오기도 훨씬 전이다.

아마도 로빈은 자신이 가진 학벌 자본 때문에 '내가 여기서 이러고 있을 사람이 아닌데' 하는 마음이 더 컸을지도 모른다. 신분제로 움직이는 노동 현장의 먹이사슬, 그 맨 위에 위치한 방송국 기자나 연출가들의 자리가 그렇게 멀게 느껴지지 않았을 터이기 때문이다.

"대학원 입학 전에 중앙일보, 동아일보 기자 시험을 봐서 2차까지 갔어요. 학점도 좋았죠. 4.3 만점에 3.98이었으니까. 영어도 잘하고. 그래서 자만했던 것 같아요. 자격증 하나 따지 않고."

당연한 일이겠지만, 인터뷰 내내 로빈은 자신감과 자괴감 사이를 극단적으로 오갔다. 남들이 부러워하는 학벌과 영어 능력을 지니고 있는 반면, 30대 중반임에도 경력란에 쓸 수 있는 일은 아무것도 없고, 성취에 대한 스스로의 기준은 높지만 일에 대한 자신감과 의욕은 바닥을 치고 있었다. 설상가상으로 무언가 열심히 노력해 보기에는 건강도 좋지 않다. 사정이 이렇다 보니 자신의 상황을 명확하게 파악하고 미래에 대한 계획을 수립하기가 힘든 상황인 듯했다.

현재 자신을 설명할 수 있는 단어가 무엇인지 물어보니 '백수'라고 한다. 팬 모임에서 뭔가 할 일이 있으면 "백수니까 내가 할게"라고 한다며. 나이 있는 사람들은 눈치를 채고 별 반응을 보이지 않지만, 어린 친구들은 눈치 없이 "언니, 일 안 하세요?" 라고 묻는단다. 그럴 때면 그는 늘 "곧 할 거야. 좀 쉬는 중이야" 라고 대답한다고 했다.

스스로의 미래에 대해서, 그는 '깜깜하다'라는 단어를 사용했다. 밤에 자다가 일어나서 '어떻게 하면 좋지?'라는 생각에 펑펑 운 적도 있다. 30대 초반까지만 해도 그런 걱정을 해본 적이 없었던 이유는 자신에게 영어라는 큰 무기가 있기 때문이었다. 그런데 서른세 살 때 유럽에 갔다가 영어로 말이 안 터져서 좌절한 이후로 자신감이 많이 떨어졌다. '나에게 무기가 될 건 하나도 안 남았구나'라는 생각이 든 것이다. 20년 후는 어떨지 물었더니 "솔직히 3년 후도 모르겠다"는 답이 돌아왔다.

미래가 깜깜하다면, 과거에는 빛을 본 적이 있는지 물었다.

그는 대학원 시절의 한 장면을 떠올렸다. 학기말 시험을 앞두고 교수님들이 학생들과 모여 있던 자리였다. 로빈이 글로 먹고살고 싶다고 말을 꺼냈을 때 교수님들이 로빈의 글이 재밌고 독특하니 잘될 거라는 식의 피드백을 해주었는데, 그때가 인생에서 가장 좋은 기억이었다고 한다. 솔직히 나는 이 대목에서 굉장히 당황스러웠다. 로빈은 아직도 제대로 된 준거 집단을 만나지 못했구나, 외부의 '평가'라는 굴레에서 벗어나지 못했구나 하는 생각 때문이었다.

그렇다면 가까운 사람들 중에 로빈의 삶을 제대로 읽어 내줄 이가 있는지 궁금했다. 현재 자신의 상황에 대해 상의할 곳이 있느냐는 질문에, 그는 뜻밖에도 로스쿨을 나와 변호사가 된 오빠가 항상 잔소리를 하긴 하지만 자기 이야기를 가장 잘 들어준다고 답했다. 부모님도 항상 자기 편이고, 이런 가족들이 있기에 복 받은 사람인 것 같다고도 했다. 더욱 당황스러워진 나는 혹시 심리 상담을 받아 본 적이 있냐고 물었고, 그는 웃으며 다음과 같이 대답했다.

"오빠가 그러는데 저는 우울증이 올 수가 없는 성격이래요. 문제가 생기면 다 뒤로 미루니까. 한동안 집 밖에 안 나간 적이 있어서 상담이라도 받아 볼까 했는데, 역시 비용 문제 때문에 못 했죠. 한 시간에 8만 원인가 하니까. 사실 제가 대학원 때 영화 비평을 했기 때문에 정신분석도 배웠고요."

인터뷰 내내 어떤 불편함이 있었지만 정확히 그게 무엇인지 알 수 없었는데, 과거와 미래에 대한 이야기를 나누면서 퍼즐이 맞춰지는 듯했다. 이런 얘기를 꺼내는 게 맞을까 망설였지만, 여기까지 이야기를 듣고 그냥 인터뷰를 마무리할 수는 없었다. 그래서 고민 끝에 입을 열었다. 잠시 연구자 정체성에 눌려 있던 내 안의 활동가 기질이 답답함을 못 이기고 갑판 위로 뛰쳐나온 것이다. 조심스럽지만 단호하게, 부모의 존재가 본인을 지탱한다기보다 앞길을 가로막고 있으며, 인정받고 싶은 마음을 뛰어넘지 못하면 아무것도 못할 수 있다고 이야기해 주었다.

최대한 부드럽게 이야기를 하면서도 너무 크게 상처받지 않을까 걱정했는데, 듣고 있는 로빈의 표정이 묘하게 밝아졌다. 더 이상 인터뷰가 아닌 '대화'로 넘어가면서, 그는 오히려 속이 시원해졌다고 했다. 사실은 아버지가 국문과 교수이고, 그래서 자신의 글을 아버지에게 보여 주는 것이 가장 힘들다는 얘기도 꺼냈다. 정신분석학을 공부했다면 아버지가 본인에게 어떤 존재로 작용하고 있는지 충분히 알고 있지 않냐고 했더니 푸하하 웃으며 고개를 끄덕였다.

로빈의 이야기를 구조적으로 분석해 보면, '돈', '자격', '인정'이라는 단어가 반복해서 나온다. 스스로의 가치에 대해 인정을 받고 싶은데 그러려면 자격을 획득해야 하고, 거기에는 돈이 들어가는데 확신이 서지 않으니 돈을 투자하기도 힘들다. 다음 단계로 넘어가기 위해서는 작은 일이라도 일단 시작해야 하는데

받는 돈이 적으면 '내가 그것보다는 자격을 갖춘 사람인데 인정을 못 받는다'는 느낌이 드니까 아무것도 못하는 악순환이 계속되는 것이다. 이는 내가 지켜본 많은 고학력 니트들이 가지는 공통점이다. 과거의 객관적 성취가 현재의 주관적 성취감을 방해하고, 결국 미래를 향해 걸어가지 못하게 만든다.

로빈은 계속해서 엄마아빠에게 고맙다는 말을 반복했다. 하지만 부모와 오빠는 지금 그의 앞길을 막고 있는 가장 큰 장애물이다. 그에게 자신의 성취를 감시하고 감정하는 존재로서 아버지가 기능했다는 사실은 지나치게 상투적이라 특별히 언급할 필요도 없다. 아무리 노력해도 부모보다 성공할 수 없는 첫 세대인 로빈 또래의 청년들에게, 그 부모들이 구획해 놓은 사고의 틀과 성취의 기준은 너무 공고하다.

가족사보다 더 큰 영향을 주었던 것은 시대적 배경일 수도 있다. 2000년에 대학에 입학한 로빈은 시대가 변하는 시점에서 길을 잃었는지도 모른다. 새롭게 생겨난 인터넷 공간과 탄력을 받은 문화산업경제를 통해 하위 문화가 폭발하던 때 그는 스무 살을 맞았고, 이것은 그의 직업관에도 영향을 미쳤을 것이다. 그런데 그가 일을 경험하기 시작했던 2005~2010년은, 문화적인 일을 하면서 자존감을 얻는 것이 좋아 보이던 분위기에서 2008년 미국발 금융 위기를 맞으며 생존만이 지상의 과제로 남겨진 사회로 넘어가는 길목이었다. 또한 학력 인플레이션이 심해지면서 자격(학위)뿐 아니라 실질적인 능력도 중요해졌고, 사회적 데

뷔를 위해 무급 혹은 저임금으로 '경력 이전의 경력'을 쌓아야 하는, 이른바 '열정 페이'라는 지옥문이 열린 시기이기도 하다. 어쨌거나 로빈에게는 글쓰기와 같은 창조적 행위를 통해 아버지에게 인정받고 싶은 욕구가 있었다. 반면 자신이 가장 잘했던 것은 입학시험처럼 주어진 것을 잘 해내어 자격을 획득하는 일이었다. 하고 싶은 일과 잘하는 일 사이의 모순, 그리고 커다란 시대적 변화 속에서 그는 길을 잃고 말았다.

로빈의 현 상황은 아마도 사람들이 머릿속에 그리는, 관계에 소극적이고 일자리를 얻기 위해 충분히 노력하지 않는 '회피형 니트', '유예형 니트'의 모습과 비슷하리라 생각된다. 다른 것이 있다면 그가 상당히 높은 수준의 자격(학력과 성적, 영어 능력 등)을 갖추고 있으며 적어도 표면적으로는 부모와 큰 갈등이 없다는 점 등일 것이다. 이 점 역시 내가 만나 왔던 고학력 니트들이 공통점이기도 하다. 그리고 그들과 마찬가지로 로빈 역시 이 상황을 혼자서 타개하기는 힘들어 보인다. 하지만 남들이 겪는 상황을 먼저 겪었기 때문에 그들을 도와줄 수 있는 사람이 되지 않을까, 그 활동을 통해 어쩌면 좀 더 의미 있는 삶을 살 수도 있지 않을까 하는 질문을 던지면서 인터뷰를 마무리했다. 로빈은 이 가능성에 어떤 의미를 부여했을까. 그리고 앞으로 어떤 길을 걷게 될까.

: 5장

신뢰 자본이 형성되는 지점

루나와 만나 온 짧지 않은 기간 동안 내가 계속해서 의아했던 점은 '왜 루나는 나를 충분히 신뢰하지 못하는가'였다. 사람 사이의 신뢰란 자판기에 동전을 넣었을 때처럼 갑자기 툭하고 나오는 게 아니라는 사실을 알고는 있지만, 어쩐지 계속해서 신뢰의 마지막 관문에서 미끄러지는 듯했기 때문이다. 그런데 인터뷰 날의 대화를 곱씹다 보니 신뢰는 안전에 대한 감각과 연관되어 있다는 걸 깨달을 수 있었다.

관계는 신뢰에 기반을 둔다. 상대에게 안전하다는 메시지를 주지 못하는 사람이라면, 혹은 사회라면 튼튼하고 지속적인 관계를 수립할 수 없다. 특히 현재처럼 복잡하고 불안정한 네트워크 사회에서는 안전감을 주는 관계 능력이 업무 역량으로 이어지기도 한다. 상대방이나 사회에 대한 신뢰가 일을 하기 위해 굉장히 중요한 역량이라는 말이다. 이를 사회 자본의 하위 개념으로 '신뢰 자본'이라 부를 수 있을 것이다. 신뢰까지 자본이라고 이름 붙이는 것이 그다지 내키지는 않지만 말이다.

그런데 사회·경제적 중산층의 자녀들은 성장 과정에서 이 신뢰라는 역량을 기본 사양으로 탑재한 채 사회에 나오지 않을까 하는 가정을 해볼 수 있다. 부모의 사회적 관계망 안에서 일어나는 호혜와 환대를 충분히 목격해 왔으니 말이다. 그리고 그들에게는 실수와 실패를 만회할 수 있는 경제적, 사회적 안전망이 충분하기 때문에 굳이 사람과 세상을 믿지 않을 이유가 없기도 하다. 반면 경제적으로 궁핍한 현실에 놓인 사람들은 신뢰라는 이름으로 무언가를 받아 본 적이 드물다. 그리고 손에 쥔 것을 한 번 놓쳐 버리면 그것으로 끝이기 때문에 계속해서 타인을 의심해야 할 수도 있다. 그가 자신을 돕고자 하는 사람일지라도, 그리고 자기 스스로에게 나쁜 영향을 주는 것을 알고 있으면서도 말이다.

물론 중산층 대 빈곤층의 사고틀이 항상 들어맞는 것은 아니다. 윤자의 석사 논문에 나오는 여성들은 대부분 강남 출신의 상류층이다. 그런데 부모와의 신뢰 관계가 엉망인 경우가 많다. 루빈도 표면적으로는 부모와 신뢰가 두터운 듯하지만, 내면적으로는 미묘한 갈등 상태에 놓여 있다. 반대로 예전에는 경제적 취약 계층의 자녀들이 사회복지사 등 지원자와의 관계 설정이 잘 이루어지면서 타인과 사회에 대해 높은 신뢰감을 갖는 경우도 종종 발견되었다. 하지만 지역아동 복지센터 현장 전문가들의 이야기를 듣다 보면 최근 이러한 관계 설정이 급격히 어려워지고 있음을 느낄 수 있다. 이는 무엇을 의미할까. 혹시 계급 변수의 비중을 상대적으로 약화시킬 만큼 불안이 보편화되고 있는 것은 아닐까.

사실 지금의 청년층은 대부분 사회화 과정에서 신뢰를 경험하지 못 한다(현대경제연구원, 2013).* 신뢰가 없었기에 관계가 불안해지고, 관계가 불안하기에 관계적 노동에 취약할 수 있다. 청년에 대한 지원책이 사회적 신뢰를 주는 것에 집중해야 하는 이유가 바로 여기에 있다. 오랜 지원 경험을 통해 배운 가장 중요한 점은, 니트 상태에 있는 개인에게는 사람과 세상에 대한 신뢰가 가장 필요하다는 사실이다. 그것도 보통 수준의 신뢰가 아니라, 아주 진하고 깊은 신뢰가 필요하다. 탈진한 사람에게 고농축 비타민 칵테일을 주사하듯 말이다. 넘어져 일어나지 못하는 사람에게는, 어떤 일이 있어도 어떤 잘못을 해도 너를 신뢰하겠다는 태도가 필요하다. 그 태도가 안전에 대한 감각을 만들어 준다. 그리고 당연히 그 신뢰를 만들어 내는 일에는 마음뿐 아니라 자원과 노력이 필요하다. 그것도 아주 많이.

---

* 이것은 청년만의 문제는 아닌데, 2013년 조사에 따르면 한국 국민의 국가 신뢰지수는 30.2퍼센트로 노르웨이(74.2퍼센트), 스웨덴(68.0퍼센트), 핀란드(58.8퍼센트) 등 북유럽 국가나 OECD 평균(38.9퍼센트)에 비해 턱없이 낮았다.

그렇다면 이 신뢰는 어떤 방식으로 형성되고, 어떤 방식으로 무너지는가. 평소에 나는 어른들에게 "자식들 문제는 결국 부모 탓"이라 말하고 다닌다. 유자살롱에서 가장 어려웠던 시기를 보낸 청(소)년들의 경우, 부모로부터 인정을 받지 못했다는 감정이 사회로 이행하기 힘든 가장 큰 장애 요인으로 작용하는 것을 지켜보았기 때문이다. 자신의 성적 정체성을, 성폭력 피해 사실을, 예술가로서의 꿈을 인정하지 못하는 부모들 때문에 한 발짝도 앞으로 나가지 못하는 청(소)년들이 많았다. 그중에는 마지막까지 지원자들조차 신뢰하지 못하는 경우도 있었다.

그런데 일반적인 386세대들은 "성인이 되면 자기 책임이지 왜 부모 탓을 하느냐"고 반박한다. 그중 백미는 "우리는 스무 살 때 나라를 구한다고 생각했다"는 대답이었다. 이건 아주 중요한 지점이다. 1980년대 엘리트 청년들은 성년이 되는 순간 자신이 얼마나 사회적으로 중요한 사람인지에 대해 엄청나게 강한 메시지를 전달받았다. 당시 기성세대는 국가를 위해 일하라고 했고, 바로 위의 선배들은 국가를 넘어서라고 했다. 방향은 다르지만 양쪽 모두 청년 세대에 대한 사회적 존중과 기대를 보인 것이다. 부모가 아닌 선배나 동료, 즉 사회로부터 인정과 존중을 받았기 때문에, 자존감이 큰 이슈가 아니었다. 반면 2000년대 이후 청년들은 사회적으로 존중받을 기회가 거의 없다. 그들에게 주어지는 것은 죽을 때까지 이어지는 죽음의 경주death race에 참여할 등록 자격뿐이다. 그러니 더욱 부모나 유사 부모에게 존중과 인정을 갈구하게 된다.

사회화 이야기를 한다더니 왜 계속해서 가족 이야기를 하고 있을까? 내가 가족에 집중하는 이유는 그것이 사회의 최소 단위이기 때문이다. 동시에 첫 단계의 사회화가 일어나는 곳, 즉 신뢰의 메커니즘이 형성되는(혹은 망가지는) 곳이기도 하다. 예전에는 가족이 개인적, 사적 영역에 가깝다고 생각했지만 요즘은 가족이 사회에 더 가까워 보인다. 체계에 의해 식민지가 된 가족은 감옥이다. 윤자의 논문에서처럼, 엄마는 직장 상사인 동시에 학교 선생이며, 관리자이자 교도관이다. 가족이 이렇게 변해 버렸다면, 결국 가족 단위에서 일어나는 문제에 사회가 개입해야 한다는 결론을 낼 수밖에 없다. 가족이 제대로 역할을 할 수 없다면 유사 가족이 그 기능을 하면 된다. 이것이 내가 가족 이야기를 계속 꺼낸 이유다.

결국 비노동·비활성화 상태의 개인을 사회로 복귀시키는 것은 작은 커뮤니티의 중력이다. 니트 상태의 개인들이 상황을 타개해 나갈 수 있는 요인에는 여러 가지가 있지만, 그중 가장 공통적인 요소는 그를 포용inclusion하는 커뮤니티의 존재 유무다. 윤자는 본인의 노력으로 동년배들과 커뮤니티를 일구어 냈고, 미카는 공공적 선물처럼 커뮤니티를 증여받았다. 로빈은 미약하지만 트위터를 통해 취업 취약층 후배들과 관계를 이어 나가고 있다. 그리고 가족 내에서와 달리, 그 커뮤니티에서 그들은 단지 만났다는 이유 하나만으로 조건 없이 존재를 인정받는다. 아래는 유자살롱에서 석 달을 보낸 한 청(소)년이 했던 이야기다.

> "유자살롱이 나에게 알려 준 건, 딱히 나를 꾸미거나 누군가에게 잘 보여야 된다거나 할 필요가 없다는 거? 가만히 있어도 그 자체로 뭐라 하는 사람이 없고, 있는 그대로를 받아 주는 곳이었어. 못하면 못한 대로, 잘하면 잘한 대로 '너는 그렇구나' 하고. 항상 '아, 내가 있구나' 그런 게 느껴졌다고 할까. 그리고 다른 곳에서는 혼자만의 시간이든 고립된 상태든 '네가 혼자 해결해야 하는 것이고 너의 의지에 달려 있어'라고 다그치거나 무관심한데, 유자살롱에서는 '아 그런 상태야? 그럼 이쪽으로 와'라든지 '너를 수용할 수 있는 공간이 있어'라며 받아들여 줘서 당시 나는 '내가 갈 수 있는 데가 있구나, 내가 뭔가 할 수 있게 동력이 되어 주는 곳이 있구나, 나의 이런 상태를 아는 사람이 있구나'라는 걸 알게 됐어. 그래서 고마웠지(노마, 유자살롱 메모리북 '유자찻집' 중에서)."

물론 문화적 코드나 가치 체계가 비슷한 사람들, 즉 부족끼리의 커뮤니티는 '0단계'의 긴급 구호 역할에는 적합하지만 커다란 사회로 배를 띄워 보낼 수 없다는 한계를 지니고 있다. 밖에서 조금만 상처를 받아도 자꾸 부락으로 되돌아올 수도 있다. 그래서 소규모 부족들뿐만 아니라 지역 커뮤니티와 도시 단위의 커뮤니티까지, 이 신뢰의 그물망은 촘촘하게 방사형으로 연결되어어야 한다.

앞에서 미카의 사례를 보며 '자신을 믿고 인정해 주는 집단의 존재는 성인기 이행에 어떤 영향을 미치게 될까?'라는 질문을 던졌다. 사실 나는 이미 오래전에 답을 내렸다. 어쩌면 너무 당연하게도, 이런 집단에 속했던 기억은 이행에 긍정적인 영향을 미친다. 물론 부작용도 있겠지만, 그런 기억이 없을 때의 위험성에 비하면 훨씬 적을 것이다.

그런데 부족을 찾아가는 과정은 개인에 따라 편차가 크다. '집 밖에서 유유자적 프로그램'은 기본반 3개월, 심화반 3개월, 수료 후 과정으로 이루어졌다. 그 속에서 참여 청소년들이 자기 심장의 템포를 맞춰 가는 기간은 3개월부터 4~5년까지 다양했다. 어쩌면 이런 기간은 고립을 경험한 청소년들에게만 필요한 것이 아니라, 사회에 대한 신뢰와 관계적 안정감을 갖지 못한 모두에게 필요한 과정일지도 모른다.

3부에서는 여러 담론들을 빌려 니트라는 상태를 해석해 보려 한다. 그동안 개인의 문제로 치부되었던 니트를 사회적 관점에서 읽어 보고, 반대로 그들의 마음을 횡단하는 곤란함에 대해서도 살펴볼 예정이다.

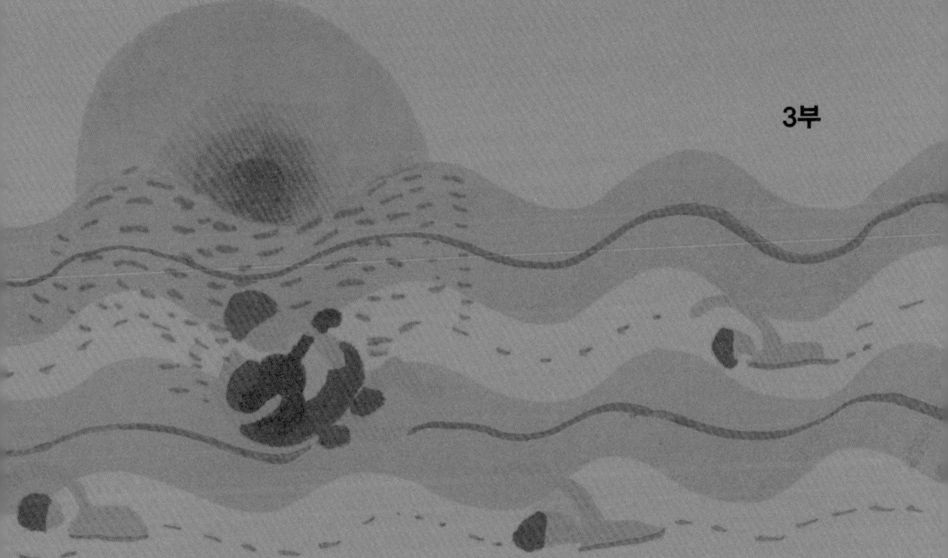

3부

이상한 나라의,
이상할 것 없는
니트

인터뷰를 모두 끝내고 나니, 왠지 마음속에 자신감이 조금 채워졌다. 니트라는 안개 낀 봉우리를 멀리서 바라보며 걸어오다, 그 언덕을 오르내렸던 셰르파들의 생생한 체험담을 들은 기분이랄까. 하지만 막상 눈을 감고 머릿속에서 봉우리를 그려 보니 여전히 명확한 윤곽이 떠오르지 않았다. 니트란 무엇일까. 그리고 니트를 이야기하는 것은 어떤 의미가 있을까. 나에게 니트는, 오랫동안 마음속에 품어 왔지만 아직도 가까이 닿지 못한 봉우리다.

일반적으로 사람들은 두 개의 지점에서 니트라는 봉우리를 바라봐 왔다. 한쪽에서는 니트를 병리학적으로 접근한다. 이들은 구직 활동을 하지 않는 청년을 니트라는 '병'에 걸린 것으로 간주하고, 병의 증상과 원인, 병에 걸리게 된 요인(세균, 바이러스, 체질 등)에 집중한다. 심할 경우 니트를 정신적·사회적 장애에 가까운 것으로 보는 사람들도 있다. 다른 한편에서는 니트가 생겨난 사회적 조건에 초점을 맞춘다. 니트는 단지 사회적 자원과 조건이 결핍되었을 뿐, 적절한 지원만 있다면 충분히 일할 수 있는 사람이라는 입장이다. 이들은 니트를 단순히 장기 실업으로 인한 구직 단념자로 생각한다. 그들에게 니트 개인은 불쌍하니 도와줘야 하는 사람, 즉 수동적인 복지의 대상이 된다.

하지만 개인의 부적응에 초점을 맞추는 병리학적 시각이나 사회 문제를 강조하는 구조론적 시각 모두 현재 노동하거나 노동하지 않는 청년들의 지형도를 온전히 파악하기에는 적합하지 않다. 병리학적 시각은 니트 상태의 보편성을, 구조론적 시각은 그 상태의 특수성을 간과한다. 또한 양쪽 모두 니트를 집합적 상태가 아닌 개별적 주체로 바라보는 오류를 범하고 있다. 니트는 소수의 사람들이 보이는 특이한 병리적 현상이 아니다. 동시에 과거의 관점과 방법론으로는 해결할 수 없는 새로운 시대의 특수한 문제이기도 하다.

어찌됐든 사회적 실천에서 중요한 것은 책임 소재와 해결 방법이다. 니트화는 개인의 책임인가, 사회의 책임인가. 그리고 개인과 사회 중 문제를 해결할 수 있는 쪽은 누구인가. 누구의 책임이든 간에, 개인이나 사회를 비난한다고 해결되는 건 아무것도 없다. 니트가 얼마나 이상한 사람인지를 논의하기보다, 사회와 일터가 얼마나 잘못되어 있는지, 그것을 어떻게 바꿀 것인지를 이야기하는 편이 훨씬 낫다는 말이다. 니트에 대한 잘못된 이미지 때문에 니트가 비가시화되고 그로 인해 문제가 축소된다면, 그래서 우리에게 완전히 새로운 시각이 필요한 시점이라면 아예 정반대 방향, 즉 사회로부터 시작해 보는 건 어떨까. 시선을 니트라는 봉우리에서 사회라는 들판으로 돌려 보았을 때, 오히려 더 많은 것들을 발견할 수 있을지도 모르니 말이다. 이제는 니트에 대해서 논의하는 것을 넘어, 니트 문제를 통해 노동과 인간과 사회관계에 대한 새로운 시각을 구성해 내야 할 때다.

: 1장

노오력의 종착역은 비노동-비활성화

일에서 멀어지는 청년들

먼저 현재 니트 담론을 단순화해 보면 아래와 같다.

- 청년이 일을 하는 것은 당연한 것이다.
- 일을 할 수 있는 사람이 일을 하지 않고 있는 것은 문제다.
- 따라서 그 사람을 일터로 잘 옮겨 놓아야 한다.

사람은 일을 하는 것이 정상이고, 일하지 않는 개인이 생길 경우 일터로 잘 이행시키면 된다는 입장이다. 하지만 내가 생각하는 문제의 핵심은 다르다. 지금 다음 단계로 이행하지 못하고 있는 것은 니트 상태의 개인들이 아니라 일터와 사회 자체다.

그것을 문장으로 표현하면 이렇다.

> 일을 하지 않는 사람보다, 사람들이 일을 할 수 없게 만드는 사회가 문제다.

니트 문제의 핵심은 '일하지 않는 개인'이 아니라 '이 시대의 노동이 처한 환경'이다. 다시 말해 일터에 진입하지 못한 사람들뿐 아니라 일터에서 일을 하고 있는 사람들도 비슷한 문제를 겪고 있다는 것이다.

한국의 니트 담론은 학교에서 직업 세계로의 이행 실패라는 구도 아래 이들을 자동적으로 일 경험이 없는 미취업자로 가정하고 있다. 이 가정에서 니트 상태에 놓인 사람들이 아르바이트 혹은 비정규직으로 일했던 경험들은 하찮고 모자란 것으로 치부된다. 물론 선형적 단일 진로 모델이 기능했던 1990년대까지의 유사-완전고용사회에서는 이 구도가 적용 가능했다. 당시 노동자들은 하나의 직업을 위해 지속적으로 훈련한 후, 자격 취득 과정을 거쳐 노동시장으로 진입(취업)했다. 그리고 해당 업종에 지속적으로 종사했다.

하지만 오늘날 비선형적 다중 진로 상황에서는 완전히 이야기가 달라졌다. 노동시장 유연화로 인해 취업과 비취업의 구분이 모호해졌으며 창업, 멀티잡, 새로운 업무로의 전직이 보편화되었다. 무엇보다 평생 알바 수준의 단순 서비스 노동을 해야 하는 노동 계층이 폭발적으로 확대되었다. 많은 수의 청년들이 노동시장에 정식으로 진입한 이후에도 하찮고 모자란 일을 하게 되고, 특별한 이유 없이 취업과 실업을 반복하게 된 것이다. 아래는 이러한 진로 환경의 변화를 하자센터에서 정리한 그림이다.

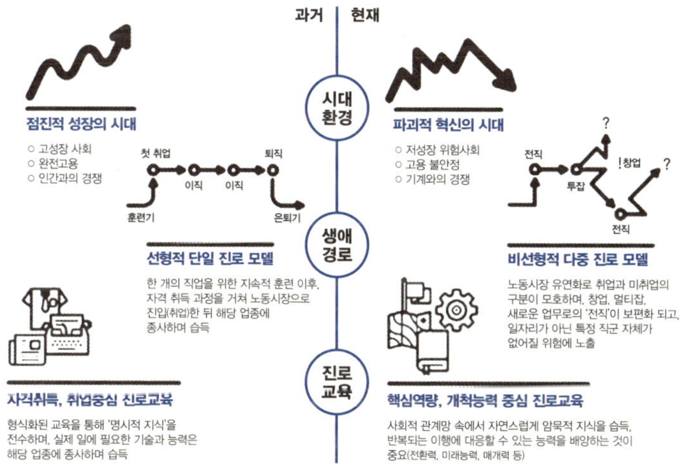

파괴적 혁신의 시대와 비선형적 다중 진로 ⓒ 하자센터

김종욱은 「최근 청년층 니트NEET의 특징과 변화」라는 연구를 통해 매우 의미 있는 국제 비교 결과를 내놓았다. 이 연구에서 OECD 주요 국가의 청년층 니트의 교육 정도를 살펴보면, 대체로 취업자가 니트에 비해 평균 문해력 점수가 높고 그 차이가 통계적으로 유의미하게 나타난다. 하지만 유독 한국과 일본은

전반적으로 평균 문해력이 높고 취업자와 니트 간 수준 차이가 거의 존재하지 않는다. 특히 한국은 니트 중 '숙련자high-skilled'에 해당하는 비율이 42.5퍼센트로, OECD 니트 평균(16.5퍼센트)에 비해 월등히 높은 것을 알 수 있다. 이는 한국 사회 내 니트화의 원인을 교육 훈련 부족이나 능력 차이가 아니라, 장기적 경기 침체 상황에 의한 청년 유휴 노동력의 적체, 즉 사회적 요인에서 찾을 수밖에 없게 만든다(김종욱, 2017).

그러면 여기서 니트 문제에 있어 '왜 청년들이 취직하지 않는가(혹은 취직하지 못하는가)'가 아니라 '왜 청년들이 일터에 지속적으로 머물러 있지 못하는가'로 질문의 방향을 바꾸어 보면 어떨까. 실제로 한국고용정보원의 「취업 지원을 위한 청년 니트 실태조사」에 따르면, 청년 니트 응답자의 82.9퍼센트가 일 경험을 갖고 있으며, 77.3퍼센트는 향후 6개월 이내에 구직 의향이 있다고 답했다(정연순 외, 2013). 일반적인 편견과는 달리 대부분 '일을 해보지도 않고 구직 활동을 포기한 것'이 아니라는 뜻이다.*

여기서 조금 더 나아가면 최근 청년층 사이에 많은 관심을 끌

* 물론 지난 10년간 변화 추이를 살펴보면 직업을 갖지 못한 채 니트 상태에 접어든 청년 비중이 늘어나고 있는 것이 관찰된다. 앞의 한국노동연구원 연구보고서(김종욱, 2017)에 따르면, 졸업 후 직업을 가져 본 적이 없는 비구직 니트의 수는 22만 8,000명(37.6퍼센트)으로, 2008년 14만 6,000명(27.1퍼센트)에 비해 크게 증가했다.

고 있는 '퇴사 담론'에까지 이르게 된다. 2016년 방영된 〈SBS 스페셜-요즘 젊은 것들의 사표〉에서는 장기적 전망의 부재, 고루한 조직 문화 등으로 인해 대기업을 퇴사한 청년 27인의 모습이 그려져 화제가 되기도 했다.* 한국경영자총협회가 306개 기업을 대상으로 실시한 '2016년 신입사원 채용실태 조사'에서도 신입사원 100명 중 27명이 1년 이내에 퇴사했으며, 퇴사의 가장 큰 이유는 '조직 및 직무 적응 실패(49.1퍼센트)'라고 밝히고 있다. 대부분의 직장에서는 이른바 '워라밸Work-life balance'이라 불리는 일과 삶의 균형을 맞출 수 없고, 개인의 지향과 욕망을 유지할 수 없어서 직장 생활을 지속하기 힘들다는 것이다. 2017년 한국고용정보원과 청년희망재단이 만 19~34세 취업 초년생 527명을 대상으로 조사한 바에 따르면 '이직을 고민 중'인 비율이 무려 85퍼센트나 된다. 이력서 100개를 써도 직장을 구할 수 없으니 일자리만 주면 감사하게 여길 것이라는 그동안의 청년 실업 서사와는 모순되는 사실이다. 이쯤 되면 이상한 건 일하지 않는 청년이 아니라 이 사회의 일 자체다.

소진형, 노오력형, 간헐적 니트

니트 개인의 역량과 태도의 문제 때문에 일자리를 '아직' 구하지 못했다는 프레임이 기존의 인식이라면, 나는 청년들이 노

---

* SBS스페셜-요즘 젊은 것들의 사표, SBS, 2016년 9월 11일 방송

동 환경과 조직 문화에 소진되어 '결국' 일터를 떠나 니트 상태에 이른다는 것이 문제의 본질이라 생각한다. 2013년 연구협력관으로 참여했던 한국고용정보원의 니트 집단심층면접FGI을 돌이켜 보아도, 연구에 참여한 니트 청년들은 대부분 최소 6개월에서 1년 이상의 일 경험을 갖고 있었다. 하나같이 차별, 불법, 모멸감, 전망 없음 등으로 가득 찬 일 경험은 그들이 일터를 떠나는 데 큰 영향을 미쳤다. 그렇다고 그들이 한두 번의 시련으로 구직을 완전히 단념한 것도 아니다. 노력해 봤지만 실패했고, 다른 곳에서 노오력하고 또 다른 곳에서 노오오력해 보다가 지속적인 좌절 속에서 소진된 것뿐이다. 아마도 인터뷰를 마친 후에도 그들은 다시 노오력하기 시작했을 것이다. 말 그대로 '노오력하는 니트'인 것이다.

이런 노오력형 니트들의 존재는 한국 니트 문제의 중요한 특징 중 하나다. 노오력형 니트는 노동 의지도 있고 주기적으로 구직 활동도 하기 때문에 전통적 이미지의 니트는 아니다. 또한 니트 상태와 근로 상태를 반복하기 때문에 맥락화가 쉽지 않다. 하지만 엄연히 이들은 간헐적으로 통계상 니트에 속할 수밖에 없다. 따라서 이들의 존재는 전혀 일하지 않는 장기 니트와 취업 중이거나 구직 의사를 잃지 않는 비非니트 간의 경계를 모호하게 만들어 버린다.

소진형 니트, 노오력형 니트, 혹은 간헐적 니트는 일본식의 고립-무위형 니트처럼 하드 니트hard NEET도 아니고 일반 노동자도 아닌, 양쪽 사이의 점이지대에 존재하는 다양한 소프트 니트soft NEET의 성격을 설명하기 위해 고안한 발견적 개념이다. 유형화 자체에 목적을 둔다기보다는, 니트와 관련된 고정관념들을 해체하고자 하는 의도에서 이름 지어 본 것이다. 소진형 니트는 본인의 내재적 문제보다는 사회적 압력 때문에 소진된 상태라는 점, 노오력형 니트는 이들이 노력하지 않는 게으름뱅이가 아니라 오히려 끊임없는 자기 계발과 무리한 착취 사이에 놓여 있다는 사실, 간헐적 니트는 니트가 비노동자라는 단일한 정체성을 갖고 있지 않고 니트와 비니트를 반복하기 때문에 모순적 상황에 있다는 점에 초점을 맞춘다. 그리고 이 개념들은 니트와 취업자가 동떨어져 존재하는 것이 아니라 스펙트럼처럼 연속선상에 있다는 점을 시사한다. 전체 청년 중 얼마만큼의 비중을 차지하는지는 알 수 없지만, 이들은 개념상으로만 존재하는 집단이 아니다. 노동과 비노동 상태를 반복하며 주기적으로 불안정한 '쉼'의 상태, 즉 반半자발적 실업 상태에 머무르는 사람들이 점점 빈번하게 발견되고 있다.

일본에서는 1980~1990년대에 니트와 유사한 히키코모리, 프리터 등이 처음 등장했는데, 당시 일본 사회는 부모 세대에 중산층이 두텁게 자리 잡고 있었고, 연금 등 복지 제도도 안착되어 있었다. 반면 우리는 부모 세대에서 중산층이 상당수 붕괴된 IMF 직후에 니트 개념이 형성되었다. 많은 부모들이 조기 퇴직 후 노후 자금도 없어서 하우스 푸어 신세가 되고 만다. 그래서 장성한 자녀들로서는 도저히 집에 머무를 수 있는 상황이 아닌 것이다. 경제적 요인 이외에, 사회 문화적으로도 고립 상태의 개인에 대한 비난이 너무 거세기 때문에 자꾸 노오력해서 일터로 나가야 했다. 가뜩이나 동기도 에너지도 낮은 상황인데 일터에서는 하루가 멀다 하고 각종 부조리가 벌어진다. 억지로 버티다가 소진 끝에 다시 일터를 떠나지만 여전히 집에 오랫동안 머물 수 있는 상황은 아니다. 이런 과정이 반복되면서 간헐적 니트 상태에 놓이는 것이다.

루나가 바로 이러한 소진형, 간헐적 니트의 좋은 예다. 루나처럼 힘겹게 노동과 비노동을 반복하는 20~30대 청년들은 많다. 그들이 일터의 가장자리에서 부유하게 되는 배경에는 일자리 감소와 비정규직화처럼 구조적인 요인도 존재한다. 하지만 조직 문화와 같은 소집단 단위의 문제나 장기적 전망의 부재 등도 큰 영향을 미친다. 이들이 자아실현이나 계급상승 같은 대단한 것을 바란 것도 아니고 그저 사회 구성원으로서 기능하기 위해 최저임금 정도를 받는 일자리를 필요로 했을 뿐인데, 그것조차 너무 버겁다. 그래서 일터에서 밀려나거나 자발적으로 떠나기도 하지만, 기반이 너무 없으니 다친 마음을 회복할 틈도 없이 다시 전쟁터에 뛰어들 수밖에 없다.

유자살롱에서 만났던 청(소)년들이 바닥을 치고 올라올 수 있었던 이유는 역설적이게도 바닥에 확실하게 떨어진 경험이 있기 때문이다. 고립-무위형 니트 상태에 이르면 다시 사회생활이라는 궤도에 오르기까지 엄청나게 많은 에너지가 필요하지만, 그래도 본인의 상황에 대해서는 명확하게 인식할 수가 있다. 최소한 타인의 도움이 필요하다는 것에 대해서는 인정할 수밖에 없는 것이다. 반면 어설프게 노동과 비노동, 관계와 고립 사이에서 악화와 호전을 반복한 사람들은 마음이 더 어지럽다. '조금만 더 노력하면 될 것 같은데'라는 함정에서 벗어날 수가 없는 것이다. 노오력해 보았지만 결국 결과가 좋지 않았던 경험이 반복되면서 생기는 부정적 학습 효과 때문에 자신이 나아질 수 있다는 가능성 자체에 불신을 갖는 경우도 많다. 한국 사회가 '지옥불반도'인 이유가 여기에 있다. 불지옥이란 단박에 타 죽어 버리는 곳이 아니라, 계속해서 불타는 고통 속에 있으면서 죽지도 못하는 곳이기 때문이다.

이들이 노동자와 연속선상에 있다면 그냥 직업과 직업 사이를 건너는 상태로 간주하고 '휴식 중 노동자'나 '취업 취약층'이라 부르면 되지 왜 굳이 니트로 명명해야 하느냐고 물을 수도 있다. 이들을 일반적 노동 상태라 보기 힘든 이유는 이 쉼의 기간이 단순히 소극적으로 노동하지 '못하는' 시간에 머무르는 것이 아니라 적극적으로 노동하지 '않는' 성격을 가지기 때문이다. 이들은 노동으로부터 소진되어 '더 이상 아무것도 할 수 없다'는 마음으로 '비활성화' 상태에 들어간다. 하지만 오래 지나지 않아 경제적 혹은 심리적인 이유로 니트 상태를 지속할 수 없어서 다시 노동을 시작한다. 노동에 접속과 단절을 반복한다는 면에서 '단속적斷續的 노동자'라고 불러야 할지도 모르겠다. 아니, 그런 노동자가 따로 존재한다기보다 이제는 노동 자체가 단속적 성격을 갖게 된 것이 아닐까?

비활성화는 노답 시대의 사회화 과정

일터에서 전방위적 압력을 견디지 못하고 튕겨져 나오는 경향은 더 이상 주변적 노동자 계층에만 국한되지 않는다. 최근의 상황이 이전과 구분되는 가장 큰 차이는, 바늘구멍을 통과해서 번듯한 일터에서 노동하는 청년들조차도 못 살겠다고 외치고 있다는 점이다. 일터에 가득한 갑을 문화, 감정 노동, 과잉 노동 등을 참을 수 없어 일 자체로부터 벗어나고 싶은, 절대 해소되지 못하는 어떤 감정이 대다수 청년층을 가로질러 존재하는 것이다.

'아무것도 안 하고 싶다'. '이미 아무것도 안 하고 있지만 더 격렬하고 적극적으로 아무것도 안 하고 싶다'*라고 말하는 이 감정은 무엇일까. 이를 단순히 과노동에 대한 반감이나 탈노동에 대한 욕망이라 볼 수는 없다. 그보다는 지나친 활성화에 대한 압력의 끝에서 균형을 맞추고자 하는 비활성화에 대한 열망에 가깝다. 비활성화에 대한 열망을 이렇게 생각해 보면 어떨까. 사회는 쓸모 있고 의미 있는 일을 하라는 엄청난 압력을 행

* 인터넷에서 돌아다니는 '짤(유행 사진)'에 적힌 글.

사하는데, 그 쓸모와 의미에 대한 맥락은 함께 제공하지 않는다. 따라서 명목상 쓸모 있고 의미 있는 일들이 실제로는 쓸모없고 무의미한 것이 된다. 그러다 보니 애초부터 쓸모없고 무의미한 일을 하는 것만이 말이 되는, 혹은 투입 대비 효율적인 상황이 된다.

너무 잘해야 한다는 강박관념이 비활성화를 유발하기도 한다. 윤자의 어려움은 부모에게 착한 아이가 되려는 경향에 뿌리를 내리고 있었다. 직장에서 동료나 상사에게 인정받아야 한다는, 혹은 인간관계를 매끄럽게 유지해야 한다는 강박이 너무 심해 결국 제대로 일을 못하는 사람들을 발견하기는 어렵지 않다. 연속된 관계 실패가 죄책감으로까지 굳어진 루나 같은 상황이라면 일에서 성과가 떨어진다 해도 이상할 것이 없다.

나 역시 이 책을 쓰면서 여러 번 비활성화에 대한 유혹을 받았다. 노트북 앞에 앉아 있으면서도 잘 써내야 한다는 강박 때문에 자꾸 딴짓을 하고, 그렇게 허비된 시간 때문에 또 자괴감에 빠져서 에너지를 잃어버리는 악순환을 아직도 되풀이하고 있다. 그런데 이런 악순환이 노트북 앞이 아니라 인생 전체에서 일어나는 경우도 있다. 역설적이지만 너무 잘하고 싶어서, 실패하지 않기 위해 아무 일도 하지 않을 수도 있는 것이다.

매순간 현재를 유예하고 싶어 하는 비활성화의 경향은, 어쩌면 청소년기부터 늘 현재를 박탈당한 채 준비생으로 살기를 강요받아 온 사회화의 결과일지도 모른다. 대학을 가기 위한 준비, 일자리를 얻기 위한 준비, 일 잘하는 사람이 되기 위한 준비. 10여 년을 이렇게 살다 보면 일에 대해 질리도록 정이 떨어진 상태가 되지 않을 수 없다. 실제 노동이 아닌, '노동을 할 수 있는 자격을 얻기 위한 노동' 단계에서 에너지가 이미 소진되어 버리는 것이다. 따라서 이들이 힘껏 외치는 '무리하면서 살고 싶지 않다'라는 구호는 '하고 싶은 일만 하고 싶다'라는 의미가 아니라 '더 이상 하기 싫은 일만 하면서 살기는 싫다'는 것에 가깝다. 노동하는 청년들 대다수가 이제는 자기 계발이나 치유만으로 견딜 수 없을 만큼 소진되어 버렸다. 이쯤 되면 구조적 소진, 혹은 소진을 향한 사회화라고 해도 되지 않을까.

스스로를 새하얗게 불태워 버린 청년들은 점점 일터에서의 부조리에 대해 이야기하기 시작했다. 이들은 때로는 심각하게, 때로는 자조 섞인 유머로, 이 사회에서 일의 세계가 엉망이 되었음을 기정사실로 받아들였다. 패스트푸드점이나 호텔 식당에서 알바 노동의 법적 권리를 찾거나 회사에서 가축처럼 일한다는 의미의 '사축社畜'이라는 신조어를 통해 일터를 조롱하고 '그래 나는 일 못한다'라는 슬로건을 내세워 페이스북 그룹을 만들었다. 정말이지 청년의 노동 조건에 대해 이만큼 많은 관심이 일었던 때는 없었다. 심지어 아르바이트 자리를 소개하는 기업이 최저시급을 올려 달라는 뉘앙스의 캠페인성 광고를 제작하기도 했으니 말이다. 한편으로는 드디어 청년 노동자들이 자신들의 위치를 깨닫고 거대한 착취의 구조를 간파했다고 생각할 수도 있다. 하지만 이러한 움직임도 어떤 의미 있는 결과를 이끌어 내지 못하면 기존의 소진감을 심화시키는 효과만 낳을 것이다.

노오력 후의 소진감이 청년층에 광범위하게 퍼져 있다는 사실이 알려진 것은 불과 몇 년 되지 않았다. 비활성화된 니트가 주류였던 일본과 달리, 활성화와 비활성화를 오가는 한국 청년들의 상황은 오랫동안 니트 문제를 실체가 없는 것으로 오해하도록 만들었다. 몇 년 전까지만 해도 이런 이야기를 꺼냈을 때 "내 처지에서는 소진이라는 단어도 사치로 느껴진다"라며 화를 내는 청년들도 많았다. 하지만 이제는 청년들도 기성세대도 한국 사회에서 더 이상 '버틸 수 없다'는 소진감이 팽배해졌음을 인정한다.

청년 대부분이 겉으로는 구직 단념 니트와 거리가 멀어 보이지만, 마음이 일터에서 떠났다는 점에서는 그 내면이 고립 니트 못지않은 경우도 많다. 성격이나 능력, 자원, 인생 경로와 상관없이 말이다. 그렇다면 이것은 개인의 심리적 발달 과정이 아닌 총체적 사회화의 관점에서 다시 점검해야 하지 않을까. 어쩌면 지금 한국의 청년들은 반복적 비활성화 끝에 비노동화하는 방향으로 사회화하고 있는 것일지도 모른다.

이중 소진 : 규율사회와 성과사회 사이에서

그렇지만 청년들을 무중력에 빠뜨리는 것은, 무너진 일-생활

균형이나 재난급의 조직 문화, 거대한 세계 경제의 흐름이 야기하는 외부로부터의 무력감 때문만은 아니다. 내적 가치 기준에 의한 소진은 더욱 심각한 문제를 야기한다.

한병철은 『피로사회』에서 자율성과 긍정성에 대한 지나친 강조가 야기하는 소진 현상에 대해 지적한 바 있다. 그는 금지에 기반을 둔 근대 규율사회가 광인과 범죄자를 낳는 반면, 무한한 가능성에 집중하는 탈근대 성과사회는 우울증 환자와 낙오자를 낳는다고 설명한다. 무척 설득력 있는 주장이지만 서구 이론 대부분이 그렇듯 한병철의 논의를 그대로 한국 사회에 적용하기는 힘들다. 특히 근대화만큼 탈근대화도 압축적으로 일어나고 있는 한국은 규율사회에서 성과사회로 이행이 끝난 것이 아니라 두 사회가 오버랩되는 중이라 할 수 있다. 따라서 권위주의 정권 시절부터 내려오는 전통적 규율사회의 관성과 신자유주의화 과정에서 확산된 자기 계발적 성과사회라는 이념이, 노동하는 (혹은 노동하지 않는) 청년 주체를 양쪽에서 압박하고 있다고 보는 편이 맞을 것이다. 20세기 중반 에리히 프롬은 "인류는 19세기 이전까지의 물리적 권위주의와 야만적 착취를 상당 부분 몰아냈지만, 그 자리를 자기 착취에 내주었다"라고 지적했다(프롬, 2016). 그의 관점에서 보면, 우리는 여전히 물리적(폭력적) 권위주의와 야만적 착취를 제대로 털어 내지 못했다. 그런 상태에서 청년들은 IMF 경제 위기와 벤처 열풍을 맞이하며 자기 계발주의를 자발적·비자발적으로 내면화했지만, 이제는 자기 착취마저 지속 가능하지 못하다는 사실을 의식적 혹은 무의식적으로 간파한 것이 아닐까.

노오력하는 한국의 청년들은, 폭력적으로 착취하는 규율사회와 자발적으로 착취하는 성과사회 사이의 모순적 압력을 견뎌야 한다. 청년들은 하루에도 수십 번 양쪽의 기준 사이를 오가면서 일하고 있다. 윤자가 경험했던 일터에서, 사용자들이 전근대적 부당 계약을 강요하면서 다른 한편으로는 그 부당함을 벗어나기 위해 더 자발적으로 노오력하라고 강하게 회유했던 것처럼 말이다. 로빈은 창의적 노동을 요구받는 동시에 봉건적 신분제와 비슷한 차별을 겪었고, 루나와 미카는 타인을 돕는 공공적 노동을 하는 사람들이 정작 본인들은 지속가능성을 도모할 수 없다는 모순을 직간접적으로 경험했다. 이렇게 양극단을 오가며 무리하게 노오력한 후 찾아오는 피로와 소진감은 한병철이 말하는 것보다 훨씬 더 강력하지 않을까.

한병철이 철학자로서 거대한 사회 변동 속에서 노동하는 주체와 그를 둘러싼 조건들을 설명했다면, 개인 심리의 내적인 변화에 주목하는 학자들도 있다. 1970년대 후반, 일본의 정신분석학자 오코노기 케이고小此木啓吾는 어디에도 소속감을 느끼지 못하고, 모든 것에 방관자적인 입장을 취하며, 사회 속에서 어른이 되는 것을 계속해서 유예하고 있는 사람들의 출현을 지적했다. 그리고 이들을 '모라토리엄moratorium' 즉, '유예인간'이라 명명했다.* 그에 따르면 유예인간들은 아래와 같은 속성을 지니고 있다.

1. 완벽주의 성향 때문에 어떤 상황에서든 타협을 잘하지 못한다.
2. 꼼꼼하고 고지식하다는 말을 듣는다.
3. 자존심이 세서 좌절을 인정하지 않는다.
4. 극단적으로 지는 것을 싫어한다.
5. 생활환경의 변화에 과민하다.
6. 스트레스에 대한 내성이 낮아서 역경을 이겨 내지 못한다.
7. 자신이 하고 싶은 것이나 목표가 애매하다.
8. 다른 사람과 사회의 평가에 민감하다.
9. 강박적으로 하나의 행동 패턴에 집착한다.
10. 자기애가 과도하게 강하다.

오코노기 케이고가 설명하려 한 유예인간은 니트, 프리터, 히키코모리 등 사회에서 낙오한 사람들이었다. 그런데 곰곰이 생각해 보면 위의 속성은 성과사회에서 일 잘한다고 칭찬받고, 고속 승진하는 일중독자와도 굉장히 닮아 있다. 대중에게 널리 알려진 '스티브 잡스'와 같은 창의적 최고경영자CEO의 이미지와도 거의 일치한다. 비생산적 니트와 초생산적 일중독자의 속성이 동전의 양면처럼 등을 맞댄 채 붙어 있는 것이다. 일터에서

* 야마모토 고헤이 교수가 발표한 '유유자적살롱과 리츠메이칸 대학의 교류 간담회' 자료에 나오는 오코노기 케이고의 『モラトリアム人間の時代(모라토리엄 인간의 시대)』(중앙공론신사, 1978)의 내용을 재인용함.

위와 같은 속성을 지닌 사람들을 만나기는 어렵지 않고, 개인적으로는 시간이 갈수록 그 비중이 늘어나고 있다는 느낌을 받는다.

이는 왜 유독 한국과 일본에서 유예형 인간들이 사회 문제가 되었는지를 설명해 준다. 두 사회 모두 압축적 근대화의 최고 지점에 섰을 때 버블 붕괴나 IMF 경제 위기 등의 충격에 의해 불과 몇 년 만에 국가 주도적 산업주의에서 각자도생하는 신자유주의로 '점프'한 경험을 갖고 있다. 이 과정에서 청년 집단은 한순간에 예비 산업 역군에서 잉여 노동자로 바뀌어 버렸다. 소위 문화사회화 과정 속에서 한껏 고양되어 자신의 개인적 취향과 자율성을 기반으로 먹고사는 탈노동을 꿈꾸었던 한 세대 전체가, 갑자기 비노동이란 위기 앞에서 생존을 위해 전전긍긍해야 하는 상황에 놓인 것이다.

그런데 일본과 한국의 기성세대들은 노동의 성격과 사회관계가 모두 변해 버렸다는 사실을 인식하지 못하거나 인정하지 않았다. 그들은 이미 저성장 기조로 돌입한 경제 구조를 직시하지 않은 채 위대했던 그 시절을 되돌리고자 다시 산업주의적 전략을 소환하며 십수 년의 세월과 돈을 낭비했다. 이 과정에서 낡은 질서에 순응하지 못하는 청년 개인들은 여전히 규율사회적인 잣대에서 '부적응자' 또는 '잠재적 범죄자'의 테누리 안에 방치되어 있어야만 했다. 그래서 아직도 기성세대는 니트에 대해 논의할 때 한편으로 대인기피자, 게임 중독자 등의 '비이성적-

부적응자' 이미지를, 다른 한편으로는 (일을 구하기 위해 엄청나게 노력해야 하는) 사회적 책무를 다하지 않거나 (사람은 누구나 일을 해야 한다는) 규율에 도전하는 '도덕적 해이-유사범죄자'의 이미지를 전면에 내세운다. 최근까지도 대부분의 언론 기사나 연구에서 니트를 은둔형 외톨이나 놀고먹는 캥거루족으로 상정하였던 것도 이 때문이다. 스스로 진보적이라 생각하거나 청년을 도우려 한다고 주장하는 사람들도 그 틀 안에 머물러 있는 것은 마찬가지다. 청년 개개인의 잘못이 아니라고 두둔할 뿐, 기본적인 전제는 비슷하다.

하지만 나는 니트라는 개념에 '성과사회의 압박으로부터 소진되어 버린 사람'의 이미지를 적극적으로 포함시켜야 하며, 이것이 후기 근대의 보편적 노동자의 모습이라고 생각한다. 그래서 앞으로는 니트를 이야기할 때 머릿속에 '사회적 훈육 및 노동 경험, 그리고 자발적 노력이 부족해서 일정 기준에 닿지 못한 사람'만이 아닌, '야만적 착취와 자기 착취를 너무 과도하게 경험해서 소진된 사람'의 이미지를 함께 떠올려야 한다. 그리고 자기 계발적 열정 노동자와 고립형 니트의 모습이 거울 관계에 있음을 깨달아야 한다.

유자살롱을 통해 내가 만났던 청소년과 청년들 역시 애초부터 열정이 없었다기보다 부모와 학교, 일터, 사회가 요구하는 폭력적 규제와 자발적 성취라는 모순적 압박으로 인해 소진된 경우가 많았다. 이런 시각으로 보면 학교나 일자리를 그만두었

유자살롱을 통해 내가 만났던 청소년과 청년들 역시
애초부터 열정이 없었다기보다
부모와 학교, 일터, 사회가 요구하는
폭력적 규제와 자발적 성취라는 모순적 압박으로 인해
소진된 경우가 많았다. 이런 시각으로 보면
학교를 다니거나 일을 하고 있어도
지나치게 소진된 상태라면
니트보다 나을 게 없다는 얘기다.

'우울을 등에 업은 소녀' © 손나린

다는 사실보다 중요한 것은 내적으로 소진되었는지 아닌지 여부일 수 있다. 즉 학교를 다니거나 일을 하고 있어도 지나치게 소진된 상태라면 니트보다 나을 게 없다는 얘기다.

심각한 소진 상태를 경험한 많은 청년들은 더 이상 소진되지 않기 위해 지금 당장 쉬어야 한다는 점을 강조한다. 비노동 혹은 비활성 상태의 청년은 그 상황을 벗어나기 위해 과도하게 자신을 밀어붙이고, 과노동에 지친 청년은 더 이상 소진되지 않기 위해 비활성 상태로 돌입한다. 인턴십 등 취업 준비 기간에 엄청나게 자기 계발적이고 주체적인 성향을 보이다가, 첫 직장에서 1~2년 동안 소진된 경험을 한 뒤 탈진하여 잠시 제주도나 인도로 떠나 '쉼'의 기간을 갖고 다시 직장을 찾는 과정은 청년층 사이에 일상이 되어 버렸다. 그런데 이 주기가 몇 번 반복되다 보면 노동하는 청년과 노동하지 않는 청년, 울증 상태의 비활성 주체와 조증 상태의 자기 계발적 주체를 구분하기 힘들어진다. 이렇게 일하지 않는 니트와 노동하는 청년이 명확히 구분되지 않는 상황에서 문제를 해결하기란 쉽지 않다. 아니 어쩌면 그 구분이라는 게 이미 의미 없는 것일지도 모른다. 노동과 비노동 사이의 이분법을 뛰어넘어야만 해결책이 보일 수도 있다는 것이다.

: **2장**

계급이자 상태로서의 니트

노동하는 혹은 노동하지 않는 마음들의 불안정한 기층부

철학자 슬라보예 지젝Slavoj Žizek은 최근 한 인터뷰에서 “한국의 젊은이들은 일에 중독돼 있고 인생을 즐기려 하지만 자살률은 세계 최고다. 정신분석으로 이러한 역설을 설명해야 한다”고 말했다.* 노동에 관한 논의를 하면서 자꾸 마음에 대해 이야기하는 이유는, 바로 그 지점에 청년들의 환경과 조건의 차이를 뛰어넘는 보편성이 자리 잡고 있기 때문이다. 한국 사회에서 노동하는 자와 노동하지 않는 자의 마음에 공통적으로 자리한 불안과 불신의 기저에는 미시적 대인 관계부터 거시적 세계 경제

* “폭력시위로는 세상 못 바꿔…좌파, 변화의 비전 제시해야”, 중앙일보, 2016.07.07.

시스템까지 촘촘하게 연결되어 있다. 그렇기 때문에 노동하는 혹은 노동하지 않는 청년들의 마음의 위기를 읽어 내지 못한다면 해결책을 찾아낼 수도 없다. 일부가 아닌 다수의, 표피가 아닌 심층의 위기 말이다.

문명이 이행하는 시기에는 당연히 불안이 확산될 수밖에 없다. 몇 세기를 거슬러 올라가, 지금의 자본주의 시대를 열었던 유럽의 산업혁명 과정을 되돌아보자. 땅으로부터 유리된 농민들이 도시로 몰려왔다. 이전과 전혀 다른 일과 삶을 구성해야 했던 그들은 얼마나 외롭고 막막하고 불안했을까. 한국의 산업화 과정도 비슷했을 것이다. 자신이 속해 있던 농지를 떠나 도시 빈민이 된 노동자들은 불안감을 줄이기 위해 돈과 생존주의, 가족주의, 지역주의 등에 기대었다. 하지만 신자유주의 시대, 세계 자체로부터 유리된 주변적 노동자들은 자본주의 초기의 임금 노동자처럼 자본의 중력에 포섭되지도 못하고, 커뮤니티나 가족의 중력도 느끼지 못한다. 그저 '아무것도 될 수 없으리라'는 주문에 걸린 채 불안과 압박 속에 살아간다. 이들을 우리는 프레카리아트precariat라 부른다.

'불안정한precarious 프롤레타리아proletariat'라는 의미의 프레카리아트는 비정기적인 고용 또는 계약직이 당연하게 여겨지는, 신자유주의 시대 청년 노동자 대부분이 속하는 계급이다. 신자유주의라는 기치 아래 국가가 노동시장 유연성을 늘리면서, 그 위험 요소와 불안정성을 노동자와 가족들에게 이전한 결과로

새롭게 생겨난 위험한 계급 말이다(스탠딩, 2014). 이들은 농지로부터 유리된 정도가 아니라 발에 땅을 딛는 것조차 허락되지 않은, 인류 최초로 무중력 시대를 살아가야 하는 세대다. 땅을 만나지 못해 뿌리내리지 못한 나무는 열매도 산소도 만들어 낼 수가 없다. 출산이라는 생물학적 재생산을 하지 않는 청년들이 늘어나는 것처럼, 노동을 통해 사회적 존재로서 자신을 재생산하지 않는 청년들도 생기게 마련이다.

결국 사회·경제적 불안정 노동자 계급으로서의 프레카리아트가 심리적 무기력, 관계적 고립과 조우한 무중력 상태, 그것이 니트 상태의 개인이 겪는 곤란함의 본질일지도 모른다. 그리고 여기서 개선해야 할 독립 변수는 '고립과 포기'라는 개인의 마음 상태가 아니라 뿌리내릴 땅을 주지 않는 사회·경제적 조건이다. 기성세대가 청년들에게 돌려주어야 할 것은 훈계나 위로, 지혜가 아니라 뿌리내릴 땅이다. 건물의 기층부가 단단하지 않으면 그 위에 2층, 3층을 지을 수 없듯, 노동하는 마음의 기층부에 사회에 대한 신뢰가 없다면 백 가지 교육과 훈련이 무효로 돌아간다.

니트를 개인 심리에서 접근하는 사람들은 종종 무기력을 니트화의 원인으로 상정하는 오류를 범한다. 하지만 무기력은 니트화의 원인이 아니라 결과다. 무기력은 우울증에 따라오는 증상일 때가 많다. 우울증은 단순히 슬픈 감정에 국한되지 않고, '슬픔의 감정, 희망 없음, 무기력감, 죄책감, 자기비판적 사고, 외부

활동에 대한 흥미 감소 등을 보이는 주관적인 기분 또는 정동'으로 정의된다(미국정신분석학회, 2002). 이는 앞서 언급한 '무중력의 버뮤다 삼각지대'나, 니트 상태에 있었던 인터뷰 참여자들의 기억과도 일치한다. 그런데 실제로는 현재 청년 대다수가 이런 상태를 간헐적으로 겪는다고 해도 과언이 아니다. 보건복지부 국민건강영양조사에 따르면 '1년 중 2주 이상 우울감과 절망감을 경험했다'는 청년(19~29세)이 2012년 9.3퍼센트에서 2015년 14.9퍼센트로 4년 만에 약 60퍼센트 증가했다.* 한 취업포털 업체가 직장인 635명을 대상으로 2017년 실시한 설문조사에 따르면 최고경영자와 부장급을 제외한 모든 직급에서 우울증을 경험한 비율이 80퍼센트를 넘었고, 그중 사원급이 84.6퍼센트로 가장 높았다.** 2011년 1,867명이던 20~30대 화병 환자 수가 2016년 2,859명으로 53퍼센트 증가했다는 건강보험심사평가원 자료도 있다.***

이런 우울감과 무기력이 사회적 기반의 부재와 불안감에서 기인한다는 것을 인정하는 한편, 개인 내부에서 작동하는 기제를 사회·심리적 관점에서 연구하는 것 역시 중요하다. 일본의 정신과 의사 구마시로 도루熊代亨는 저서 『로스트 제너레이션 심리학』에서, "좌절이나 실패하는 것이 두려워서 아무것도 하지 않는

* "숨막힌 청춘… 50대 제친 20대 우울증", 동아일보, 2017.04.04.
** "직장 내 우울증, 사표 내는 2030", 국민일보, 2017.07.18.
*** "20-30대 화병 급증", 시사저널, 2017.04.19.

사람이 늘고 있다"고 주장한다. '이번엔 제대로 하지 않았을 뿐, 사실 나는 뭐든지 할 수 있어'라는 어린애 같은 전능감을 끌어안은 채 기량을 닦거나 성장할 기회를 계속 회피한다는 것이다.

구마시로 도루가 '망해 버린 자기 세대의 심리'에 대해 경멸과 반성 사이의 자화상을 그려 내고 있다면, 한국의 사회학자 엄기호와 정신과 의사 하지현은 대담집 『공부 중독』을 통해 개인 심리와 사회구조를 연결시켰다. 주관적 성취와 객관적 성과를 모두 올리라는 주변의 요구 사이에서 좌절한 청춘들이 '공부'라는 과정을 통해 지속적으로 삶을 유예해 가는 메커니즘은 개인과 사회의 병리 현상이 뒤섞여 나타나는 좋은 예다. 국가는 예전과 달리 더 이상 시민들에게 배분할 자리가 없기 때문에 '너는 아직 준비가 안 됐다'는 것을 합리화하기 위해, 개인은 '아직 준비가 안 됐으니까'라는 핑계로 만능감을 유지하기 위해 공부를 이용해서 모든 것을 유예한다. 엄기호는 이 책과 관련한 특강에서 어쩌면 무기력은 생존 전략일지도 모른다고 지적한 바 있다.

> "오늘날의 생존주의가 고약한 것은 생존만이 아니라 성공까지 함께 요구하기 때문이다. 애플 최고경영자였던 스티브 잡스나 페이스북 창업자 마크 저커버그처럼 자아실현과 성공을 모두 이룬 사람들을 멘토라 부르면서 이를 본받으라고 부추긴다. 이게 불가능하다는 걸 아니까 요즘 아이들이 미칠 수밖에 없다. 그러니 한 반에 4~5명을 제외한 나머지는 공부할 이유를 찾지 못한

채 엎드려 잠만 잔다. 그래야 덜 욕먹고 덜 지치기 때문이다. 이렇게 보면 무기력은 이 시대의 생존 전략일지도 모른다. 생존을 못해 무기력한 게 아니라 살아남기 위해 무기력을 택한 셈이다. 그런 의미에서 앞으로 더 문제가 될 것은 무기력한 아이들이 아니라 오히려 공부를 잘해서 어떻게든 살아남으려 열심히 노력했지만 좌절하게 된 친구들일 가능성이 크다."*

무기력에 빠지지 않으려고 어떻게든 노력했지만 결국 좌절해 버린, 평균적이고 일반적인 청년들의 문제는 수면 위로 드러나기가 쉽지 않다. 설령 드러난다고 해도 해결하기에는 너무 총체적인 문제라서 아무도 건드리려 하지 않는다. 그런데 이런 무기력이 노동하지 않는 사람들만이 아니라 지금 노동하고 있는 사람들도 비슷하게 겪는 문제라면 어떨까. 지금 시대의 일상을 관찰해 보면 이 말이 과장이 아니라는 것을 알 수 있다.

이승욱, 신희경, 김은산은 『대한민국 부모』에서 청소년들의 무기력이 자신을 지키려는 선택이자 강력한 거부의 표현이라 해석했다. 어쩌면 일찌감치 무기력을 전략으로 택한 이들이 더 영리한 것일 수도 있다. 부모의 기대 수준과 스스로의 기대 수준을 최대한으로 낮추고 나면 실패할 일이 없기 때문이다. 인생에서 절대 실패하지 않는 유일한 비결은 아무 일도 안 하는

---

* "꿈이 뭐냐고 아이에게 묻지 말자", 시사인, 2016.06.09.

것이니 말이다. 하지만 무기력이 아닌 무중력의 관점에서 본다면, 이 무기력은 내부의 기력 없음이 아닌, 불안한 외부 환경에서 시작된다. 엄기호는 『나는 세상을 리셋하고 싶습니다』에서 무기력을 생존 전략으로 택한 이들이 포기한 것은 배움을 통한 성장이라고 말한다. 이때 배움을 위해 용기를 내는 것은 개인의 덕성에 달린 문제일 뿐 아니라 사회적으로 주어지는 조건의 문제라 설명한다. 용기를 냈을 때 인격과 존엄을 존중해 주는 안전한 관계에서만 사람은 용기를 낼 수 있다는 것이다. 존중에 대한 안전이 보장되지 않는 사회의 사람들에게 무기력은 자신을 보존하기 위한 최소한의 전략이다. 이런 관점에서 엄기호는 오늘날 한국 사회의 무기력이 그저 아무것도 하지 않는 무기력이 아니라 세상의 변화 가능성에 대한 근본적인 불신에 기인한 '과격한 무기력'이라고 설명했다. 그렇다면 무기력이나 비활성화를 해결하는 사회적 해법은 매우 간단해진다. 용기를 낼 수 있는 안전망을 만들면 되는 것이다.

서로를 학대하는 파편화 시대

이처럼 개인이나 사회가 다음 단계로 나아가지 못하거나 성장하지 못하는 이유는 위험에 대한 두려움 때문인 경우가 많다. 그렇다면 일터와 사회에는 어떤 위험들이 존재할까. 몇 년 전까지만 해도 나는 일터에서 일어나는 문제의 원인이 시대에 뒤떨어진 조직 문화와 그로 인한 갈등과 긴장 때문이라고 생각했다.

하지만 지금은 양상이 달라졌다. 그 갈등과 긴장 이외에, 뭔가 커다란 위험 요소가 등장했다. 그것은 '모두에 의한, 모두를 향한 혐오와 학대'였다. 자신만 왕따를 당한 줄 알았는데 나중에 알고 보니 모두가 당하고 있더라는 루나의 이야기에서, 우리는 이 사회의 본질을 엿볼 수 있다.

2011년 일본의 니트-히키코모리 지원자 그룹을 처음 만났을 때 "요즘 일본의 교실에서 이지메(왕따, 집단 괴롭힘)는 어떤 양상을 띠느냐"고 물은 적이 있다. 그들의 대답은 매우 흥미로웠다. 예전에는 가해자와 피해자가 뚜렷하게 나눠져 있었지만, 요즘은 마치 순번을 정하듯이 모두가 모두를 돌아가면서 괴롭힌다는 것이다. 시쳇말로 '다들 미쳐 돌아가는구나' 생각했다. 그런데 몇 년 지나지 않아 우리 사회가 일본의 교실과 같아졌다는 느낌이 들기 시작했다. 언제부터인가 혐오는 국민 레포츠가 되었다. 누군가가 지목되면 모두가 그를 물어뜯고, 그가 쓰러지면 그다음 사람으로 넘어간다. 고대 콜로세움과 다른 것이 있다면 검투사만이 아니라 관객 모두가 경기장에 선다는 점이다. '지금, 당장, 여기에서' 모든 것과 접속하고 모두로부터 단절하는 행위가 반복된다. 결국 남는 건 숨 막힐 만큼 꽉 찬 현재밖에 없다.

한병철이 지적하듯 전반적인 가속화와 활동 과잉의 흐름 속에서 미래는 단순히 현재가 연장된 것 정도로 축소되고, 분노가 아닌 짜증과 신경질만이 확산되었다(한병철, 2012). '가속화와 활동 과잉'이라는 표현은 알폰소 쿠아론Alfonso Cuaron 감독의 영화 〈그래비티Gravity〉에서 조그만 파편들이 엄청난 속도로 몰려와 커다란 우주왕복선을 파괴하고 그 파편이 다른 우주정거장을 박살내는 장면을 연상시킨다. 엄청나게 빠른 속도로 움직이는 파편은 후기 근대에 만연한 인간이 만들어 낸 위험을 상징한다. 한 발 더 나아가자면 지금은 인간 그 자체가 위험한 파편이 되는 시대다. 신자유주의가 모든 사슬을 끊어 버린 무중력 사회는 브레이크와 방화벽이 없는 공간이다. 각종 규제가 사라진 시장에서 탐욕의 속도는 하늘을 찌르고, 기술은 점점 더 빠른 속도로 그 탐욕을 실어 나르고 있다. 관계의 중력과 마찰력이 없는 곳에서 혐오가 만들어 낸 인간 파편들은 파괴의 연쇄 작용을 계속 이어 나간다.

인공위성 등이 파괴된 후 남은 잔해를 전문 용어로 '디브리debris'라 부른다. 사전적으로 디브리는 '부서진 잔여물', 혹은 '쓸모없어진 쓰레기'를 의미한다. 최태섭이 『잉여사회』에서 '잉여'라 명명한, 새로운 경제 체제 속에서 노동할 권리조차 부여받지 못한 청년 세대가 바로 이 쓸모없는 '나머지'를 의미한다. 반면 나는 '부서져 버린 잔해'라는 첫 번째 의미에 더 주목한다.

파괴되기 전, 원래 덩어리를 이루고 있던 것이 무엇이었는지는 잘 모르겠다. '공동체'였는지, '주체'였는지, '존엄'이었는지 모르겠지만 아무튼 파괴되어 조각난 디브리들은 무중력 우수를 빠른 속도로 떠돌며 다른 덩어리들을 파괴하고 있다. 파괴라는 단어가 지나치게 공포를 조장한다면 '어뷰즈abuse(학대)' 정도는 어떨까. 허핑턴포스트의 필자인 우마이르 하크Umair Haque는 "트위터는 왜 죽어 가는가"라는 칼럼*에서 우리가 마주한 끝없는 논쟁, 예측 가능한 험담, 소셜 웹에 만연한 작은 폭력들을 '어뷰즈'라는 단어로 명쾌하게 정리했다.

> "우리는 어뷰즈를 정상적, 일상적인 것으로 만들었다. 우리는 직장에서 규칙, 표준, 기대치에 의해 어뷰즈 당한다. 직장에서 우리는 그저 활용당하고 배치되고 해고되는 '인적 자원'에 불과하다. 놀 때도 우리의 순진함과 인간적인 약점을 노리는 업계에 의해 어뷰즈 당한다. 그리고 이제는 우리는 스마트 기기를 통해 만나지도 않을 사람들에게 우리가 한 것 같지도 않은 말 때문에 어뷰즈 당한다. (중략) 우리는 저축, 은퇴, 직업, 사회 계약을 빼앗겼고, 우리가 우리 자신이 될 수 있게 해주는 것마저 빼앗겼다. 그러나 위험과 절망을 겪는 우리는 또한 우리의 가해자이기도 하다. 소셜 웹에서 아무 의미도 없는 걸 가지고 서로 시비를 걸고 괴롭히고 분노하고 매도한다. 어뷰즈 당한 사람들이 이젠 어뷰즈 하는 사람들이 되었다."

이처럼 오해와 과잉 해석을 통해 서로를 학대에 가까울 정도로 욕하고 괴롭히는 것이 우리 생활의 일부가 되었다. 혐오는

---

* 우마이르 하크, "트위터는 왜 죽어 가는가", 허핑턴포스트코리아, 2015.10.31.

주체와 대상, 목적이 비교적 뚜렷하지만 어뷰즈는 그렇지 않다. 언제 어디서 욕설이 날아올지 모르고, 그것이 LTE급 속도의 인터넷을 통해 어디까지 날아갈지 알 수 없다.

어뷰즈는 학대와 욕설이라는 뜻 외에 '남용'이라는 의미도 담고 있다. 게임이나 인터넷 미디어 용어로는 과잉 행동을 통해 특정한 이익을 얻어 낸다는 의미도 있다. 우리는 청년에게 부족한 것뿐 아니라 무엇이 과잉되었는지를 주의 깊게 살펴봐야 한다. 사회적 관계는 부족하지만 익명적 접속은 과잉되었고, 곁은 줄어들고 편만 늘어났다(엄기호, 2014)는 엄기호의 통찰처럼 말이다.

어뷰즈는 온라인 세계에 국한되지 않는다. 일터나 삶터에서 어뷰즈 형태로 갈등이 극단으로 치닫는 사례는 최근 급증하고 있다. 이를테면 직장 상사나 동료와의 갈등 상황이 발생했다고 치자. 이 최초의 파편은 그동안 직간접적으로 스트레스가 축적된 주변의 활성단층을 건드려 조직 내에 연쇄적인 지진을 일으킨다. 때로는 갈등 그 자체보다 갈등의 해결 과정이 더 문제가 된다. 이런 일이 일어났을 때 주변의 사회적 중력이 작동해서 갈등을 해결하는 것이 아니라, 서로 편을 갈라 상상적인 전면전을 벌이기 때문이다. 그러다가 누군가가 SNS상에 자초지종을 올리기라도 하면 더욱 걷잡을 수 없게 된다. 결국 모두가 너덜너덜해진 상태로, 사건은 해결되지 않은 채 사방팔방으로 파편을 퍼뜨리게 될 뿐이다.*

무중력, 어뷰즈, 디브리를 연결 지을 수 있는 또 하나의 단어는 '프래그멘테이션fragmentation(파편화)'이다. 유자살롱의 공동대표였던 전조는 유자살롱을 수료한 청(소)년들의 일 경험이 지나치게 분절화되어 있음을 발견하고 '노동의 파편화'에 대한 문제의식을 이야기한 적이 있다. 이안 클라크Ian Clark는 『지구화와 파편화』에서 글로벌라이제이션globalization(지구화, 세계화)에 대한 변증법적 대응으로서의 탈중심화 경향, 그리고 총체성의 개념에 대립하는 파편화가 탈근대 세계의 조건임을 밝힌 바 있다. 하지만 여기서는 미시적 관점에서 노동이 내적으로 분절화된 현실을 극적으로 나타내는 표현 정도로만 제한해 보기로 한다.

위에서 언급한 사회관계 속에서 일어난 갈등은 사실 결과로서 나타나는 표면적 징후일 뿐이다. 실제로 폭력적 스트레스를 야기하는 심층의 문제는 파편화된 노동 그 자체다. 현대적 노동의 파편화란 단지 분업에 의한 노동 소외만을 의미하지 않는다. 사실 복잡성의 세계에 익숙해진 젊은이들 대다수는 노동의 분업화 자체에 크게 거부감을 갖지 않는다. 단지 그 노동에 의미나 맥락이 부여되기를 바랄 뿐이다. 이들이 찾는 일에서의 의미란 지령이나 매뉴얼 혹은 사명감이 아니라, 최소한의 형식적 합

---

* 2015년 한국직업능력개발원이 발표한 '한국의 직장 내 괴롭힘 및 법·제도적 보호 현황'에 따르면 전체 응답자 1,000명 중 62.3퍼센트가 지난 6개월 동안 한 번 이상 괴롭힘을 당한 적이 있고, 4.1퍼센트가 매주 한 번 이상 지속적으로 괴롭힘을 경험한 것으로 나타났다. 그리고 괴롭힘의 행위자(doer)는 상사이지만 가해자(bully)는 직급 차이가 크지 않은 상사 또는 동료를 가장 많이 지목했다. "직장인 10명 중 6명 이상 회사서 괴롭힘 당해 봤다", 연합뉴스, 2015.05.12.

리성과 총체성이다. 어쩌면 그러한 합리성과 총체성을 절실하게 원하는 것 자체가 파편화된 사회의 반영일지도 모른다. 그것만이 파편화된 자신의 정체성에 이야기를 부여할 수 있는 유일한 방법일 수도 있기 때문이다.

반면 말단의 청년들 반대편에서 소유권이나 결정권을 지니고 있는 산업화, 민주화 세대는 이러한 의미화에 대한 열망을 잘 이해하지 못한다. 최소한 그들은 정체성이 형성되는 시기, 즉 청(소)년기에 내적 통합성에 대한 위협을 크게 느끼지는 않았기 때문이다. 과거에는 사회나 노동 현장 자체가 그렇게 복잡하지도 않았고, 머리 칸이든 꼬리 칸이든 열차에 타고 있기만 하면 조금이라도 앞으로 전진할 수 있었다. 나아가 그들은 일을 하지 않는 사람들도 대체로 커뮤니티의 일원으로서, 혹은 생활인으로서 최소한의 총체성을 보장받던 시대에 사회화 과정을 겪었다. 반면 이 시대의 청년들은 아주 어린 시절부터 일상적인 평가 결과에 따라 포용과 배제가 갈리는 상황을 반복적으로 겪었다. 이렇게 사회화 과정이 다르니 기성세대들은 모두가 분열되고 날아온 파편에 맞아 내가 파편이 되는, 연쇄적 상호 파편화 시대의 삶에 대해 잘 이해할 수 없다.

반면 일터에서 실무를 맡고 있는 지금의 20~30대 청년들은 고도로 복잡해진 체계 속에서 파편화된 임무만을 부여받게 된다. 제조업과 서비스업의 경우 규격화와 매뉴얼화가 생산성 향상의 핵심이고, 숙련 기간이 전제되지 않는 비정규직은 머리가

자아상이 왕따로 형성된 사람들과
그들을 희생양으로 삼으려는 사람들은 어떤 의미에서
서로를 끌어당긴다.
가해자나 피해자나 하나의 전체적인 인간으로서 기능하지 않고
단지 파편으로서만 존재하기 때문이다.
파편을 피해 안전하게 머무를 수 있는 길은 없다.

'풍선들의 사교생활' ⓒ 손나린

필요 없는 손발의 역할만 하면 되기 때문에 전체 생산 과정의 맥락에 접근할 수 없다. 그런데 실제 비전과 목표의 수립을 제왕적 기업주나 외부의 자문가들이 독점하면서 대부분의 사무 노동과 기획 노동까지도 비슷한 신세에 놓이게 되었다. 관료제적 수형도가 아닌 복잡한 네트워크의 끝단node에서 전체 그림을 이해하기란 쉽지 않다. 이른바 선진사회에서는 이 문제를 해결하기 위해 조직 문화, 가치 경영, 브랜드 리더십 등의 개념으로 비전을 공유하려 애쓰고, 각 끝단에 자율권을 부여하는 식으로 나아가고 있다. 기본 계획을 세우는 것이 사실상 불가능해졌기 때문에 비전과 스토리와 개연성이 경영과 통치의 기본이 되어야 하지만, 한국에서 그것을 갖춘 리더들은 찾아보기 쉽지 않다. 때문에 실재 세계와 접점을 맺는 각 끝단에 위치한 청년들은 더욱 큰 스트레스를 받을 수밖에 없다.

파편화를 다른 측면에서 보면, 지속적으로 파괴되고 마모되어 온 사람들이 자신이 사라지기 직전 마지막 단계에서 복수를 행하는 것이기도 하다. 상대적으로 불리한 위치에 있는 사람들이 사회 정의를 획득하기 위해 사용할 수 있는 탈중심화의 전략이기도 하다는 얘기다. 다만 안타깝게도 그 복수 방법에는 종종 자기 파괴가 포함된다.

루나의 경험에서 보듯 권위주의적인 사회에서 갈등 상황이 생기면 가해자는 상식이 없거나 폭력적인 사람, 피해자는 괜히 문제를 만드는 예민한 사람이라는 구도가 생긴다. 루나가 일터에서 일차적으로 받은 평가는 이 구도에서 나온 것이다. 하지만 연쇄적 상호 파편화의 단계에 돌입하면 이러한 구도가 의미를 잃는다. 일차적으로는 그들의 예민함 때문에 부당한 일처리에 대해 반응했을 뿐이지만, 사실은 피해자에 가까움에도 불구하고 불안감에 진동을 증폭시키다가 결국 자신이 사태를 악화시킨 것처럼 보이게 되는 경우도 많다. 그 과정에서 피해자와 가해자의 위치가 뒤집히기도 한다.

루나의 표현대로 자아상이 왕따로 형성된 사람들과, 그들을 희생양으로 삼으려는 사람들은 어떤 의미에서 서로를 끌어당긴다. 그리고 그들 사이의 갈등을 극복할 수 있는 사회적 완충재가 없는 곳에서는 문제를 일으키는 사람들이 따로 존재하는 것이 아니라 모두가 그 갈등 속에 참여하게 된다. 조직에서 누군가 문제를 겪는 순간, 그 갈등은 제도적 경로를 따라 해결되지도 않고 의사소통으로 해소되지도 않는다. 가해자나 피해자나 하나의 전체적인 인간으로서 기능하지 않고 단지 파편으로서만 존재하기 때문이다. 모두가 모두에 대한 투쟁을 준비하며 언제라도 무한한 익명성의 공간에 폭로할 준비가 되어 있는 일터, 그곳에서 언제까지나 파편을 피해 안전하게 머무를 수 있는 길은 없다.

위험과 재난의 (불)평등 분배: 나는, 단지, 운이 좋아서

『88만원 세대』 출간 이후 10년 동안 많은 사람들이 청년 문제에 대해 해석과 해법을 내놓았음에도 불구하고, 무엇 하나 문제의 본질을 시원하게 짚어 내지 못했다. 한국의 청년 문제는 왜 이렇게 파악하기 어려워진 것일까.

이는 우리가 청년 일반에 스며든 복잡한 양상을 제대로 읽어 내지 못하기 때문이다. 근대 사회과학적 방법론은 성별, 연령, 계층, 학력, 가족 구성, 주거 환경과 같은 대상의 속성이나 심리적, 신체적 상태 등 어떤 문제의 독립 변수라 생각되는 기준으로 사람들을 분류했다. 그러다 보면 분류된 특정 집단별로 어느 정도 동질적인 해결 방법을 찾을 수 있었고, 그중 사회의 동의를 얻은 것들은 정책으로 자리 잡았다.

하지만 이런 방법론은 국가라는 사회적 경계와 국민이라는 비교적 동질적인 집단이 (상상 속에서라도) 존재할 때만 기능할 수 있다. 반면 지금의 청년 문제는 분류 자체도 어렵고 오히려 '정책 대상'이라는 구도에서 생각할수록 오리무중에 빠지게 된다. 파편이 되어 떠돌아다니는, 내적 정합성을 상실한, 균질하지 않은 주체들 안에서 문제가 매우 복합적으로 전개되고 있고, 이들이 미래에 어떤 조건에 놓일지에 대해서도 예측할 수 없기 때문이다. 정책 대상 집단이 '점'으로 모이지 못하고 파편이 되어 떠돌아다니기 때문에, 대상과 해법 사이에 '선'을 그을 수도 없고, 그 선들의 합인 '면'으로서의 정책화도 불가능해진다.

이를테면 예전엔 정책 대상자가 점으로 간주됐다. 가령 노동을 할 수 있는 에너지가 30퍼센트 내외에 머무는 사람이 니트라면 그 점과 해결책을 선으로 연결하고, 그 선들의 합을 통해 정책 시스템이라는 면을 만들 수 있었다. 하지만 지금은 대상이 점이 아니라 선이 되고 있다. 25~35퍼센트의 에너지 상태에 머무는 것이 아니라, 15퍼센트에서 85퍼센트까지를 오가기 때문이다. 더군다나 어떤 상황에서는 니트로, 다른 상황에서는 능력자로 보인다면 그를 뭐라고 부를 수 있을까. 본인은 스스로를 무엇이라 규정할까. 이처럼 대상을 특정화하지 못해서 정책화하지 못하는 경우는 니트 말고도 비일비재하다.

마이너리티 리포트를 처음 기획할 때 내가 사례를 중심에 두고 싶지 않았던 이유도 이 때문이다. 니트 상태의 청소년과 청년들을 가까이에서 지원하고 관찰하다 보니, 개개인에 대한 관찰이 큰 의미를 얻지 못한다고 생각하게 됐다. 근대를 관통해 온 사회학적 방법론이 개인과 사회가 깨어진 시대에 이르고 나서 기능하지 못하게 되었다고나 할까. 이제는 정말 다른 방식으로 세상을 보아야 할 때가 왔다. 물론 나 역시 아직은 다른 방법을 찾지 못해 결국 개별 인터뷰에 기반을 둔 글을 쓰게 되었지만, 각 개인들이 씨줄과 날줄처럼 서로 이어지고 있다고 생각하면서 정리해 나가려 애썼다. 그 노력이 얼마나 성공했는지는 모르겠지만 말이다.

아무튼 이렇게 이해하기 어려운 청년, 그리고 니트라는 문제에 대해 섣불리 답을 내는 것은 위험하다. 겉으로 보이는 것 이면에 무엇이 있지 않을까 의심해 보고, 이 현상이 더 큰 것을 의미하는 어떠한 징후가 아닐까 질문해야 한다. 예를 들어 가슴기 살균제로 인한 사망 사건이 연이어 일어났을 때, 모든 의사들이 감염증이라고만 생각해서 개별 환자의 증상에만 집중했다면 훨씬 더 많은 사망자가 나왔을 것이다. 일반적인 역학 조사의 범위 밖으로 사고의 틀을 넓혔기 때문에 실제 원인을 알아낼 수 있었고, 피해가 확산되는 것을 막을 수 있었다. '개인 병리와 사회 병리'라는 관점은 늘 비유적으로 존재해 왔지만, 최근에는 의학에서도 '사회역학Social Epidemiology'이라는 이름으로 '원인의 원인'을 찾는 노력이 증가하고 있다(김승섭, 2017).

비슷한 맥락에서 우리는 청년들이 처한 상황을 바라보는 관점을 바꿀 필요가 있다. 이제는 개별 주체나 특정 영역에서 일어나는 국지적 '점'의 문제가 아닌 서로 연결된 '선'과 같은 '거대한 재난'으로 사유해야 한다. 경제적 계급 등 청년 개인이 가진 자원에 따라 위험이 불평등하게 분배되는 것은 분명한 사실이지만, 동시에 청년 일반에게 비교적 평등하게 적용되는 재난이 있다는 사실 역시 인정해야만 한다. 이 방식의 사유를 통해 점-선-면이 가능하던 시대처럼 뚜렷한 처방을 내리기는 쉽지 않지만, 최소한 유효 기간이 지난 데이터와 해법 속에서 시간을 낭비하지는 않을 수 있다.

니트와 청년 문제를 위험과 재난이라는 관점에서 바라보게 된 것은 2016년에 일어난 두 사건이 결정적 계기였다. 강남역 여성 살인 사건은 가해자의 여성 혐오와 사회에 대한 적대가 원인이자 결과로 뭉뚱그려졌고, 구의역 청년 노동자 사망 사건은 청년들을 사지로 내모는 것이 일부 기득권 세력인지 기성세대 전체인지 알 수 없게 만들었다. 같은 시기에 일어난 두 사건을 겪으며 온라인과 오프라인을 통해 많은 청년들이 '나는 단지 운이 좋아서 살아 있는 것'이라 표현했다.

이는 단순히 비슷한 연령대 청춘의 죽음에 대한 애도에서 나온 문구가 아니었다. 여성들은 남성으로부터의 폭력에 대한 두려움이 일반화되어 있음을, 노동하는 청년들은 구조적·필연적으로 신체적이거나 정신적인 산업 재해에 노출되어 있음을 새삼 깨닫게 된 것이다. 이러한 자각 속에서 이전까지는 피해를 입은, 안전망에서 소외된 '개인의 사연'이 논의의 중심이었다면, 이제는 그런 재해를 낳는 사회구조로 논점이 이동하였다. 점-선-면의 순서를 따르는 것이 아니라, 처음부터 면에서 시작하는 사유의 방식이 생겨난 것이다.

내가 "한국의 진로는 망했다. 청년 문제를 재난의 관점에서 보기 시작해야 한다"고 말하면 화를 벌컥 내는 사람들이 있다. 주로 기존의 진로 교육을 책임졌었거나 청년을 지원하고 있는 50대 이상 남성들이다. 너무 편협하고 과장된 시각 아니냐는 것이다. 『위험사회』를 쓴 울리히 벡Ulrich Beck은 "빈곤은 위계적이지만 스모그는 민주적이다"라는 명언을 남겼다. 근대화한 위험은 계급이나 지위 여하를 막론하고 사회 전반에 평등하게 분배된다는 것이다. 물론 재난 역시 당사자가 가진 자원에 따라 어느 정도 불평등하게 분배되기 때문에 빈곤과 장애 등 위기에 가중치를 부여하는 요인에 대해서는 면밀하게 연구하고 대처해야 한다. 하지만 근본적으로 청년들이 겪는 많은 문제들이 그들뿐만 아니라 모든 세대에게 영향을 미칠 수 있고, 나아가 시대 전체를 뒤덮을 수 있는 위험이라는 점을 깨달아야만 해결의 실마리를 찾을 수 있다.

니트는 주체가 아니라 상태

니트도 마찬가지다. 니트 개인이 삶의 경로, 특히 직업 이행 과정에서 잘못된 선택을 했을 수도 있고, 여기에 심리적이고 문화적인 요인들이 개입됐을 수도 있다. 하지만 가장 중요한 사실은 니트화가 개인의 의지가 담긴 행동으로 인한 필연적 결과라기보다는 갑자기 맞닥뜨리게 되는 재난에 가깝다는 것이다. 그동안 이 사회는 니트 본인을 둘러싼 문제, 즉 그의 잘못된 선택이나 그에게 일어난 불운이라는 개인적 사연에 대해 이야기했다. 그러나 실제로는 그가 다른 개인이나 사회구조로부터 지속적으로 가해를 당한 피해자인지도 모른다는 의심이 필요하다. 마치 성폭력 피해자 여성에게 당시 어떤 복장을 하고 있었는지를 집요하게 묻는 것처럼, 우리 사회는 니트 당사자들이 먼저 잘못했다고 가정해 온 것이 아니었을까.

한국 사회에서 널리 쓰이는 '니트족'이라는 단어는 마치 그것이 한 사람의 성향, 지향, 정체성인 것처럼 오인하게 만드는 효과를 지니고 있다. 그리고 그간의 언론 역시 니트를 '한 사람'의 문제로 집중하게 했다. 하지만 이것은 옳지 않다. 실업자, 경력 단절 여성, 취업 준비생이라는 단어처럼 니트라는 용어 자체는 장기적이고 지속적인 '주체'가 아니라 일시적인 '상태'를 지칭한다. 다시 말해 니트는 더 이상 사람이나 집단이 아닌, 상태로 인식되어야 한다. 이 책에서 기회가 될 때마다 '니트 상태의 개인'이라는 표현을 쓴 것은 이 때문이다.

누구나 쉽게 니트가 될 수 있는 사회에서, 0퍼센트 니트인 사람은 없다. 거꾸로 100퍼센트 니트인 사람도 없다. 앞서 말했듯이처럼 니트성이라는 것은 어떤 인성이라기보다, 경험의 결과로서 현재 누적된 콜레스테롤 수치 같은 것이다. 니트성이 지나치게 높은 것도 좋지 않지만 그렇다고 완전히 없앨 수도 없다. 한 사람이 니트성을 30퍼센트쯤 갖고 있다면 이런저런 어려움을 느끼겠지만 비교적 평범하게 살아갈 수 있다. 하지만 니트성이 80퍼센트인 사람은 사회에서 할 수 있는 일이 없어서 계속 니트로 살 수밖에 없을 가능성이 높다. 한 사람의 능력이나 성격이나 지향보다는 그동안 얼마나 이 사회에 의해 마모되고 분쇄되어 왔는지가 니트성의 함량을 결정한다는 것을, 청년 당사자나 현장 지원자들은 분명하게 인지하고 있다.

물론 일반인의 시선은 다를 수 있다. 니트 선진국인 일본에서조차도 대다수의 사람들은 니트를 개인의 역량, 지향, 성품의 문제로 바라보는 관점을 넘어서지 못하고 있다. 그렇지만 지원자와 연구자 등 전문가 집단에서는 니트와 청년 문제를 명확하게 사회 문제이자 '청년 배제youth exclusion'의 결과로 규정한다. 니트화는 사회적 자원의 세대별, 개인별 차등 분배가 낳은 결과이며, 이를 해결하기 위해서는 청년층에 대한 '사회적 포용social inclusion'이 필요하다는 것이다. 일본 NPO 자립생활 지원센터 '모야이MOYAI' 사무국장 유아사 마코토湯浅誠는 니트가 겪는 5중의 사회적 배제에 대해 지적한다. 그에 따르면 (고립형) 니트 상태의 개인은 가족으로부터 배제되고, 교육으로부터 배제되며, 직업으로부터 배제당하고, 복지로부터 배제된 후에, 마지막으로 자기 자신으로부터 배제당하게 된다(유아사 마코토, 2009). 니트 상태이건 아니건, 현재 어려움을 겪고 있는 청년들은 비슷한 배제의 구조 안에 놓여 있다. 니트는 전면적인 배제를, 다른 청년들은 국지적인 배제를 겪을 뿐이다.

이번 인터뷰를 통해 나를 포함해 많은 사람들이 니트가 되지 않은 이유는 개인의 성향과 노력보다 '운'과 '자원', 즉 외부적 요인이 더 컸기 때문이었다. 운은 인간이 제어할 수 없지만 자원은 사회가 동원할 수 있다. 따라서 니트 상태의 개인을 지원한다는 것은, 그의 성품이나 지향성을 바꾸는 것이 아니라 그가 니트 상태를 빠져나올 수 있도록 적절한 자원을 제공하는 일이 되어야 한다.

아낌없이 자원을 제공해서라도 니트 상태를 벗어나게 해야 한다고 일본 청년 지원자들이 주장하는 논거는 매우 간단명료하다. 니트 상태의 개인을 사회가 외면하고 방치했을 경우 그의 일생 동안 어마어마한 사회적 비용이 들어간다는 것이다. 일본 후생노동성이 2012년에 펴낸 '생활보호 수급을 지속한 경우와 취업한 경우가 사회보장 등에 미치는 영향에 대해서'라는 자료에 따르면, 청년 무업자가 5세부터 65세까지 생활보호 수급자가 되는 경우와 취업을 통해 납세 의무자로 바뀌는 경우를 비교했을 때 사회가 부담하는 비용의 차이는 약 1억 5천만 엔, 대략 15억 원 정도라고 한다(구도 게이·니시다 료스케, 2015). 이 비용의 규모를 듣고 나면 니트를 방치하는 것이 얼마나 경제적으로도 비합리적이고 잘못된 선택인지, 그리고 기본소득 식의 논의가 얼마나 경제적인 해결책인지 쉽게 판단할 수 있다.

이러한 문제의식을 토대로, 4부에서는 구체적인 실천 방안에 대해 이야기하고자 한다. 흔히 '청년 지원 프로그램'이라는 이름으로 많은 지자체들이 실행하는 위로와 시식, 지혜를 주는 교육 훈련은 그 자체로 많은 의미를 지니고 있다. 그러나 청년들의 비활성화를 막기에는 역부족으로 보인다. 궁극적으로는 청년들을 사회의 구성원으로 인정해 주고, 그들이 사회를 신뢰하게 만드는 '사회화 과정'을 살려 내야 한다. 유자살롱의 활동은 고립-무위형 니트 청(소)년을 대상으로 신뢰 자본을 만드는 일이어서 '노동'이라는 변수를 제외했다. 따라서 보편적인 비활성 상태의 청년을 지원하는 프로그램에 적용하기는 힘들다. 하지만 그 핵심 원리는 적용 가능하지 않을까 하는 마음으로 몇 가지 제안을 해보려 한다.

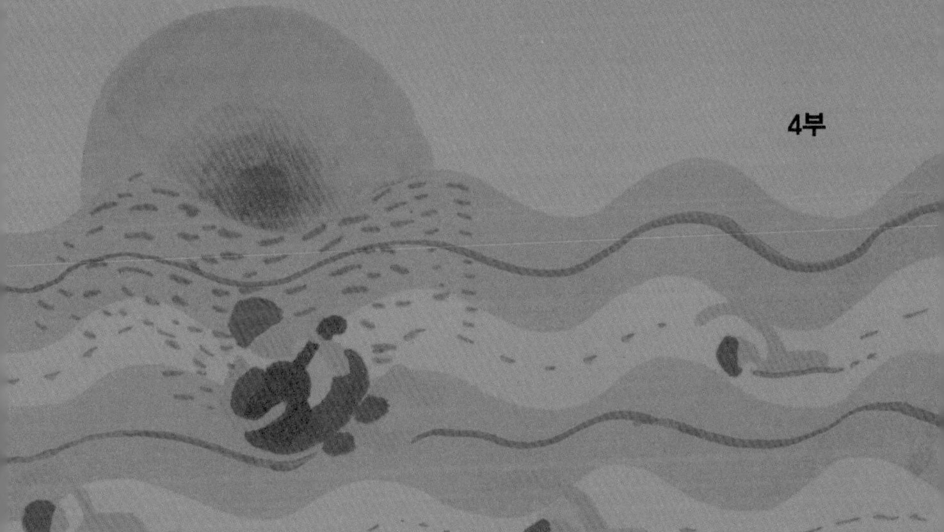

4부

존재의 의미와 일 개념의 재구성

니트는 단순히 일자리를 갖지 못한 사람의 수로 가늠할 수 있는, 즉 경제적인 문제만은 아니다. 특정한 소수의 사회 부적응자들이 보이는 하위 문화적 삶의 양태도 아니다. 니트성은 청년의 일터와 삶터 전반에 스며들어 있다. 그 장면들을 연결하면 우리는 청년이 겪는 사회 문제에 대한 활동 사진을 얻을 수 있을지도 모른다. 니트는 생산-노동 중심의 기존 틀을 흔들어 버림으로써 청년의 일과 삶을 둘러싼 중층적 환경에 대해 성찰할 수 있는 계기를 제공한다. 일하지 않는 니트와 일하는 청년 사이에는 생각보다 많은 공통점이 있다. 지나치게 비가시화된 고립-무위형 니트를 수면 위로 드러내고, 프레카리아트 청년들이 간헐적 니트와 단속적 노동자가 되어 가는 과정을 보여 주는 것은 청년 전체, 혹은 사회 구성원 전체를 위한 일이 될 수 있다. 니트, 즉 비노동 상태를 들여다봄으로써 이 시대 노동의 구조와 의미가 어떻게 전환되고 있는지를 알 수 있기 때문이다.

사회적 맥락 속에서 무언가를 해내는 것을 '일'이라 한다면 그것은 누구나 누려야 할 자연스러운 욕망과 권리다. 하지만 점점 인간의 노동력을 필요로 하지 않는 산업 구조 속에서 일을 하고자 하는 욕망은 사치와 특권이 되어 가고 있다. 이런 상황이 되니 기득권자들은 일을 원하는 청년들에게 먼저 항복을 요구한다. 열정 착취, 시간 착취 등 다양한 착취와 폭력을 감수하겠다는 묵시적 계약을 통해야만 사회에서의 삶이 시작될 수 있다. 사용자들의 이익에, 그들의 믿음에, 그들의 시간과 방식에, 복종하라는 명령에 응하지 않거나 그 기준에 맞추지 못하는 사람들은 점점 노동과 일터로부터 멀어진다. 그리고 복종하지 않았다는 이유로, 멀어졌다는 이유로 더욱 더 근로자라는 이른바 정상 상태에서 멀어진다.

한번 배제되면 재진입이 어려운 한국 사회에서, 정상과 비정상의 경계에 있는 사람들은 배제되지 않기 위해 억지로 노오력하며 필사적으로 정상의 영역에 붙어 있으려 한다. 이렇게 무리하는 사람이 많다 보니 한국에서는 사회가 인위적으로 설정해 놓은 정상과 비정상의 경계마저 허물어지고 있다. 해방적인 방식이 아니라 자기 파괴적인 형태로 말이다. 도저히 일을 할 수 없는 니트 상태의 마음을 가지고 꾸역꾸역 일을 하고 있는 사람들, 즉 소진형, 노오력형, 간헐적 니트의 증가는 일본이 겪어 온 고립-무위형 니트의 확산보다 더 무서운 결말을 낳을지도 모른다.

그렇다면 지금 이 순간 경력 단절, 관계 단절, 그리고 성장 단절을 겪고 있는 니트 상태에 놓인 청년들에게 사회는 어떤 도움을 줄 수 있을까.

개인의 니트화는, 기본적으로 차별적 자원 분배와 사회화의 결과다. 개인의 노력으로 풀기는 힘든 문제라는 것이다. 다시 한번 말하지만 사회가 제어할 수 있는 요소는 자원과 사회화밖에 없다. 개인의 노오력이 아니라.

: 1장

사회적 존재감의 사회 자본화

개인의 일잘-일못을 넘어서야

니트 상태의 개인을 지원할 때에는 교육이나 취업 지원에 앞서 당사자 자신과 사회에 대한 신뢰의 회복을 최우선으로 삼아야 한다. 기존의 니트 지원책은 일의 세계에 대한 체험, 지식, 경험, 방향성, 의지의 '부족'을 전제로 했다. 그래서 직업 체험, 인턴 경험, 기술 교육 등에 집중해 왔다. 하지만 지금은 오히려 '과잉'이 문제인 시대다. 직접적으로든 간접적으로든 너무 많이 경험해 보았고, 너무 많이 열망해 보았지만 남은 것은 열정으로 타 버린 뒤 잿더미가 된 자신뿐이다. 그래서 부족한 것을 채워 주면 끝이라고 생각하는 기존의 교육 프로그램으로는 문제를 해결할 수 없다.

'일 잘하는 사람'으로 만드는 것을 우선시해 온 사회화 과정 자체도 바뀌어야 한다. 지구온난화로 축구장이 물에 잠겨 가는데도 열심히 각자 공 차는 연습만 하고 있는 게 한국의 교육과 직업훈련의 현실이다. 이러한 도구적이며 시대착오적인 사회화가 유도하는 경로는 딱 두 가지다. '일 못하는 사람(저성과자)'으로서 자괴감을 느끼는 것과, '일 못 하는 사람(니트/비노동자)'으로서 자괴감을 느끼는 것. 일 잘하는 사람으로서의 자존감? 그런 건 이제 전설 속에나 존재할 뿐이다.

페이스북 그룹을 개설한 뒤 몇 달 만에 수천 명이 가입하며 파란을 일으켰던 '일 못하는 사람 유니온(일못유니온)'은 '그래, 나는 일을 못한다'라 외치며 공산당 선언을 패러디한 '일 못하는 사람 선언서'를 당당하게 이 사회에 발신했다. '아무리 부정하고 싶어도 내가 일을 못한다는 건 사실지만, 청년 대다수가 그렇게 느낀다면 이 사회도 좀 이상한 게 아닐까'라고 반문하면서 말이다. 최근 내부적 '어뷰징' 끝에 일못유니온의 대표운영자도 '일못'임을 자인하며 사퇴해 버리고 말았지만, 이들은 일을 못한다는 것이 사회적으로 논의해야 하는 주제임을 이 사회에 충분히 각인시켰다.

청년들이 일을 못한다는 주장은 논쟁적이다. 광범위한 실증적 증거는 없다. '일잘'과 '일못'의 기준을 설정하는 사람들이 기성세대이니 편파적일 수밖에 없다. 하지만 그런 '인식'이 존재하는 것은 사회적 사실이다. 그러니 잠시, 백번 양보해서 청년들이 진짜로 일을 못한다고 가정해 보자. 이 시대의 청년들은 왜 일을 못하는가? 주지하다시피 이 시대의 청년들은 단군 이래 최대 스펙을 자랑한다. 하지만 일터에서는 그 스펙과 능력이 통하지 않는다. 스펙 쌓기의 궁극적 목표가 준비 과정에 있기 때문이다. '일을 잘하기 위해서'가 아닌 '선발되기 위해서'만 노력하도록 시스템이 짜여 있으니 선발 후에 일을 못한다 해도 당연하지 않은가. 억울한 것은, 교육과 사회화 과정을 경쟁과 선발 위주로 세팅한 것은 청년이 아닌데 일못을 이유로 조리 돌림 당하는 건 언제나 청년이라는 점이다.

사실 대부분의 업무는 특정 기술로만 이뤄지는 것이 아니라 여러 가지 요소를 통합하는 능력이 있어야 수행 가능하다. 이것은 최소한 3차 산업혁명 때부터 당연시된 진리다. 그런데 그 요소들을 통합하는 과정은 대부분 학교나 학원 같은 구조화된 교육 과정이 아닌 비구조화된 학습 생태계, 즉 교실 밖에서만 가능하다. 그래서 때로는 일터에 들어간 후에야 제대로 된 일 경험이 시작되기도 한다. 그런데 동아리나 과외 활동이 당연시되던 과거와 달리, 지금의 청년들은 한창 사회화가 진전되는 시기에 교실 밖의 시간이 허락되지 않았다. 요리에 비유하자면 재료를 손질하는 법은 전문가 수준으로 훈련했지만 정작 냄비에 재료를 넣고 끓여 본 적이 한 번도 없는 상황과 비슷하다. 그러므로 혼자서 '야매'로라도, 망치건 말건 직접 요리를 해보았던 이전 세대와는 실전 응용력이 다를 수밖에 없다.

하지만 가장 중요한 '일못' 요인은 이들이 너무 절실하게 '일잘'을 원하도록 강요되어 왔다는 점이다. 커뮤니티의 중력이 남아 있지 않은 이 세계에서, 사람의 존재감은 그가 어떤 일을 얼마나 잘하는지와 강하게 연결되어 있다. 학교에서 성적으로 자기 존재를 입증했듯이, 일터에서는 노동으로 존재를 입증해야만 하는 것이다. 일을 잘해야만 가치 있는 사람이 되고, 일터의 커뮤니티 일원이 될 수 있다. 이 과정을 간파하고 '일잘'이 되기를 거부한 사람들 중에는 '죽어도 일을 잘하지 않겠다'고 결의를 다지는 경우도 있다. 청(소)년 지원자든 교육자든, 이런 상황까지 왔는데도 예전처럼 일을 잘하고 못하고의 기준으로밖에 사고할 수 없는 사람들은 앞으로 많이 곤란해질 것이다. 잘할 수 있는 시대도 아니고, 잘하는 것이 중요하지도 않은 시대가 올 테니 말이다.

진로 역량의 0단계, 신뢰 자본

'헬조선-수저계급론'이 절정에 다다른 2016년 가을, "돈도 실력이다"라는 정유라의 한마디는 촛불혁명에 기름을 끼얹었다. 그런데 이 말은 어떤 면에서 상당히 통찰력 있는 문장이다. 자본주의가 가리고 있는 능력주의 신화를 간파한다는 점에서 말이다. 좋든 싫든, 실력은 개인의 소질과 노력만으로 구성되지 않는다. 한 사람의 역량은 동원 가능한 자원과 접근 가능한 기회를 더한 후, 그 일을 하는 데 장애가 되는 요인들을 빼야만 제대로 계산할 수 있다. 아래처럼 말이다.

역량 = 능력(소질×노력) + 자본(자원×기회) - 장애물

역량 개념에 자본을 포함시켜야 하는 이유는, 첫째 능력주의가 기회의 불평등을 은폐하기 때문이다. 그런데 반대로 자본의 존재는 사회가 불평등을 해소하기 위해 노력해야 하는 요소를 드러내 주기도 한다. 소질은 어찌할 수 없을 때가 많지만, 자원과 기회는 사회가 조절하고 재분배할 수 있기 때문이다. 지금까지 대부분의 역량 강화 프로그램은 개인의 소질과 노력에 크게 의존하는 '교육'에 치중해 왔다. 거기에 영재나 천재가 되어 남들보다 조금 나아지고 싶은 유아기적 욕망은 능력주의를 더욱 신화화한다. 하지만 국제화·정보화 시대에 지식에 대한 접근성과 지역에서의 상대 우위는 예전만큼 중요한 요소가 아니다. 그보다는 특정 경험을 체화할 수 있는 자원과 기회가 있느냐가 본질적인 차이를 낳는다.

프랑스 사회학자 피에르 부르디외Pierre Bourdieu는 소논문 「자본의 형태」에서, 지배 계급이 경제 자본을 눈에 보이지 않게 변형시켜 후대로 상속시키는 체계를 분석하여 '사회 자본'이라는 개념을 설명했다. 1억 원을 그냥 돈으로 물려주면 상속세와 인플레 등을 통해 가치가 하락하지만, 그 경제 자본을 투자해서 희소가치가 있는 학위(교육 자본)를 따게 해주거나, 남을 기죽일

수 있는 몸(신체 자본)으로 만들어 주거나, 나중에 도움을 받을 수 있는 네트워크(사회 자본)를 구축해 주면, 보다 안정적으로 부를 대물림할 수 있다는 것이다(부르디외 외, 2003).

부모가 아닌 사회가 한 개인의 역량을 강화시킬 때에도 비슷한 틀에서 생각해 볼 수 있다. 자원을 주고 장애물을 치워 주려 할 때 주거, 부채, 건강, 심리 문제 등 장애물은 비교적 명확하다. 반면 자원과 기회는 너무나 다양하기 때문에 특정하기가 쉽지 않다. 그래서 대부분의 지원 정책은 교육과 자격증 취득으로 회귀하는 경향이 있다.

얼마 전 한 청년지원단체의 활동가들과 이야기를 나누던 중에 "청년들의 경험이 자본화되지 않는다"는 문제의식을 듣게 되었다. 아무리 개인이 노력해서 좋은 경험을 해도, 축적되거나 사회에서 통용되지 않는다는 것이다. 도대체 왜일까.

경험의 자본화가 이뤄지지 않는 이유는 기반이 취약해서 자꾸 누수되기 때문이다. 이는 경험을 소화하는 '틀'이 부정적으로 형성되었기 때문이다. 장이 허약하면 아무리 좋은 음식을 먹어도 영양분이 흡수되지 않는다. 청년 문제에 백약이 무효한 이유가 비슷하지 않을까 싶다. 아무리 경험을 많이 해도, 자기 것으로 흡수하는 기반이 튼튼하지 않으면 그 경험이 자본으로 축적되기 힘들다. 국가가 각종 청년 정책을 동원해서 수많은 경험을 제공해도, 개인이 사적 노력을 통해 많은 지식을 습득해도, 자본화가 되지 않는 이유다. 경험을 축적할 수 있기 위해서는 좋은 원체험이 필요하다. 경험을 과정화하는 기반으로서 원체험이 그 이후의 경험을 좌우하기 때문이다.

그런데 앞서 살펴보았듯 대부분 청년들이 학교와 일터에서의 원체험을 부정적으로 여기다 보니 그 위에 아무것도 쌓이지 않게 되거나, 심한 경우 모든 경험이 부정적으로 축적된다. 이런 현상에 대해 엄기호는 아래와 같이 정리한 바 있다.

> "왜 이렇게 되었을까? 돌이켜 보면 우리는 살아오면서 끔찍할 정도로 존중받아 본 적이 없다. 시민으로서 국가로부터 존중받아 본 기억도, 학교에서 학생으로서 존중받아 본 기억도, 직장에서 노동자로서 존중받아 본 기억도 별로 없다. 존중에 대한 '원체험'이 없다 보니 무시를 당했을 때 자신의 존엄을 지키는 방식도 잘 모른다. 재수 없다고 생각하고 세상이 원래 그렇다고 체념하면서 분노할 뿐이다(엄기호, 2016)."

모든 원체험 중에 가장 기본적인 것은 사회적 존재감에 대한 원체험이다. 사회적으로 존재를 인정받는 것 말이다. 이를 나는 '진로 역량의 0단계'라 부른다. 아주 많은 청년들의 마음 깊은 곳에는 도태에 대한 공포가 자리 잡고 있다. 이등 시민으로 밀려나는 것에 대한 공포가 혐오와 적대를 낳고, 이것이 일터의 위험과 비효율을 강화시키면서 다시 개인들에게 자괴감을 느끼게 한다. 이래서는 일을 제대로 할 수도 없고 역량이 쌓이지도 않는다.

드라마 〈미생〉의 경우를 생각해 보자. 이 작품은 기본적으로 기성세대가 일터를 배경에 두고 청년 세대를 주인공으로 등장시켜 만든 판타지다. 그럼에도, 아니 그렇기 때문에 직장이라는 곳의 문제와 모순이 아주 잘 드러난다. 왜 고졸 계약직 사원인 주인공 장그래는 늘 성공하고 명문대 출신의 다른 팀 동기들은 줄곧 실패하는가. 양쪽 다 처음에는 죽을 쒔다. 일이나 프로젝트라는 것이 자신만의 기획과 노력으로 이루어진다는 조물주적 세계관을 갖고 있었기 때문이다. 하지만 현실은 그렇지 않다. 성과란 지금 이 시점에서 내가 얼마나 높은 기울기를 갖고 있는가 하는 미분값이 아니라, 이전의 성과와 동료와의 협력 속에서 시간을 들여 만들어 내는 적분 같은 것이다. 그래서 이 드라마를 펀타지적 시선으로 보면 바둑을 통해 훈련된 장그래의 통찰력, 끈기 등 '능력'이 돋보이지만, 현실적 시선으로 보면 그를 둘러싼 '협력'이 중요하다는 것이 드러난다. 장그래는 팀원들에게 '우리 애'가 되어 받아들여지고, 다른 동기들은 팀원들과 경쟁하려 한다. 협력하는 능력도 역량이라고 말할 수 있지만, 드라마 속 회사 전체를 둘러싼 공기를 보면 그것이 단지 청년들의 잘못으로 보이지는 않는다. 가장 핵심적인 요소는 선배들의 태도일 수도 있다. 이름을 불린 후에야 꽃이 되는 것처럼, 오상식 과장이 술 취한 상태에서 '우리 애'라고 표현하는 순간부터 장그래는 영업3팀의 구성원이 되어 버렸기 때문이다.

사람을 만나서 상대방을 믿고 같이 일을 도모하며, 자신이 즐거워하는 일을 해도 괜찮다는 사실을 아는 것. 흔히 '기본'이라고 생각하는 이런 능력들을 갖추기까지는 굉장히 많은 시간과 관심과 자원이 필요하다. 그것은 유소년기 사회화 과정 전반에 걸쳐 일어나는 것이며, 혹자는 이를 민주 시민 교육이라 부를지도 모른다. 그런데 한국의 청소년들에게 이런 사회화가 일어나는가. 결코 그렇지 않다. 여기서 학교 이야기를 꺼내지 않을 수 없다. 경쟁적이고 폭력적인 우리의 제도 교육 안에서 일어나는 사회화 과정은 엄밀히 말해 개별화와 파편화, 즉 탈사회화에 가깝다. 그래서 어쩌면 지금의 청년들에게는 보편적으로 이런 인정과 포용이 선행되어야 하는지도 모른다. 자신이 사회 안에 위치한다는 사실, 그리고 사회가 그들의 안전을 책임지겠다는 것을 사회 혹은 기성세대가 능동적이고 적극적으로 알려야 한다. 이러한 사회적 맥락화 없이 그들에게 무조건 1단계부터 시작하라고 등을 떠밀어 보았자 성공할 가능성은 낮다. 그보다 이들이 안정적으로 자기 삶을 꾸려 갈 수 있을 때 생성될 미래 가치를 생각하고 장기적인 관점에서 지원을 설계하는 것이 낫다.

그리고 특히 고립-무위형 니트 상태에 오랫동안 머물렀던 청년을 지원할 때는, 초반에 많은 자원을 집중적으로 투입해야 한다. 최대 정지 마찰력 이상의 힘이 작용하기 전까지 물체가 움직이지 않는 것처럼, 오랜 무중력 상태에서 벗어나기 위해서는 매우 집중적인 지원이 필요하다. 앞에서 무중력의 버뮤다 삼각지대라고 했던, 고립의 악순환에 빠진 사람들을 바깥으로 나오도록 돕는 일은 많은 에너지가 들고, 한 번 실패하면 상황이 더 악화될 수도 있다. 그리고 이들의 행동과 심리에 대해 기성세대가 전혀 이해하지 못하는 부분들이 많기 때문에, 지원자들에게 높은 전문성이 요구되기도 한다. 기존의 사회복지 지원 시스템에서 해결하지 못하는 문제임을 인정하지 않고 관성적으로 접근하는 것은 매우 위험한 일이다.

돌이켜 보면 유자살롱에 찾아온 청(소)년들은 평가가 아니라 이해받는 곳이 필요했던 것 같다. 하지만 평가하지 않고 가만히 옆에 있어 주는 일은 말처럼 쉽지 않다. 그래서 우리는 조금씩 조금씩 많은 원칙들을 만들어 갔다.

첫째, 프로그램 설계는 참여자들이 '작은 성취'를 얻을 수 있도록 도왔다. 작더라도 구체적인 하나의 성취를 이룰 수 있도록 부담 없이 '0단계'부터 시작하게 했다. 또한 이들에게는 실패 없이 3개월을 다니는 것이 가장 중요했기 때문에, 거꾸로 모든 프로그램 운영 요소를 '실패하지 않는 것'에 맞추었다. 그러면서도 노골적으로 티가 나지 않도록 매일매일 철저하게 준비했다.

둘째, 다음 단계가 있다는 사실을 늘 인식하게 만들어 주었다. 기초반, 심화반, 수료 후 과정이 있고, 또래 스태프와 인턴들이 존재했기 때문에 많은 유자살롱 청(소)년들이 다음 단계로 올라가고 싶은 열망을 가졌다. 물론 약간의 부작용도 있었지만 건강한 중력으로 작용했던 적이 더 많다.

셋째, 가장 중요한 일은 둘러앉아 밥을 먹는 것이다. 한집에서 함께 살면서 끼니를 같이 하는 '식구食口'를 흉내 내는 것이다. 빵 먹고 보드게임 하는 데 많은 시간을 보내고, 연습은 조금만 한다. 사실 아이들에게는 악기 연습보다 같이 음식을 먹고 둘러앉아 보드게임을 하는 것이 더 큰 도전이었다. 연습은 열심히만 하면 되니까. 하지만 관계에 너무 열심인 경우에는 열을 식혀 주었고, 반대로 또래와 어울리지 못한다고 해서 조바심을 내지 않도록 도와주었다.

넷째, 안전한 곳이라는 느낌을 주지만 지나치게 안정적인 곳은 되지 않으려 했다. 바깥 사회에서 느낄 수 있는 갈등을 조금씩 경험하도록 한 것이다. 수영장의 안전 요원처럼, 스태프들은 조용히 지켜보다가 갈등이 심화될 때만 개입하면 됐다.

다섯째, 작은 규칙들이 스며들도록 했다. 개인의 독특한 행동을 비난하지 않지만 그 행동이 주변에 어떤 영향을 미칠지 같이 고민해 주었다. 그로부터 기초적인 '공공'에 대한 감각이 자라났다.

흥미로운 것은 이런 고립무원孤立無援의 청(소)년들과 함께하기 위해 만들어 낸 '문화'에 20~30대 직장인들도 치유를 많이 받았다는 점이다. 유자살롱에서는 수익 사업으로 '직딩예대(직장인 예술대학)'라는 일반인 대상의 5주짜리 강좌를 운영했다. 애초 기획 의도는 주경야예晝耕夜藝를 슬로건으로, 예술을 중력 삼아 사람들이 모이는 '아트 커뮤니티'를 만드는 것이었다. 그런데 예술의 힘보다 더 강하게 이들을 끌어들였던 중력은 유자살롱의 문화였다. 직딩예대가 열리는 시간에는 모두가 나이와 경륜의 위계에서 벗어나 서로 애칭과 존댓말을 썼다. 만남과 협업의 즐거움을 최대화면서도 적절한 거리를 유지함으로써 관계의 압력을 배제했으며, 낙오되는 사람을 만들지 않도록 결과보다 과정을 즐기게 프로그램을 설계했다. 이것이 참여자들에게는 회복의 기회로 다가왔던 것 같다. 결국 "해치지 않아요, 실패하도록 내버려 두지 않아요"라는 메시지는 유자살롱의 청(소)년들 만큼이나 일반 직장인들에게도 필요했던 것이 아닐까. 우리 사회에서 신뢰 자본이 생성되는 곳을 만나는 경험은 흔하지 않으니 말이다.

증여를 통해 사회에 대한 신뢰 형성하기

청년들의 경험이 쓸모 있는 자본으로 축적되지 못하는 또 다른 이유는 사회에서 의도적으로 그 통화currency를 인정하지 않기 때문이다. 얼마 전 진지하게 시를 쓴 지 10년 만에 시인으로 등단한 친구가 있다. 그는 주요 신문사의 신춘문예에서 수차례 2위를 기록했지만, 1등이 되기 전까지는 문단에서 '아무것도 아닌 사람'이나 마찬가지였다. 유명 독립 다큐멘터리 영화에 조감독으로 참여하다 30대 후반 자신의 영화로 입봉한 다른 지인은, 지금까지 자신은 줄곧 영화를 만드는 사람이었는데 이제야 사회가 영화인으로 인정한다는 게 이상하다고 소회를 밝혔다. 다른 직업들도 마찬가지다. 청년들에겐 '데뷔' 자체가 인생의 숙원 사업이 되어 버렸다. 기업, 공공 기관, 비영리 기관 등의 사정에 따라 반년에서 1년 미만으로 잘게 끊어지는 청년들의 경력은 서류상으로도 인식상으로도 반올림은커녕 그냥 '버림'을 당한다. 아무리 노력해도 알바생으로, 비정규직으로 남은 채 언제 제대로 일을 할 것인지 추궁당하는 많은 청년들에게, 니트 상태는 그다지 멀지 않은 거리에 있다.

역량과 자존감의 기층, 즉 0단계를 튼튼히 할 수 있도록 돕는 일 역시 고립-무위형 니트만을 위한 것이 아니다. 평범한 청년들도 1단계에서 밀려나지 않기 위해 안간힘을 쓰고 있기 때문에 많은 지지와 도움을 필요로 한다. '여기에서 밀려나도 사회에서 버려지지 않는다'는 신뢰를 주는 것은 일터에서의 파편화를 줄일 수 있는 궁극적 해법이기도 하다. 좀 더 적극적으로 생각해 보면 '노오력형 니트'처럼 곤란함을 겪으면서도 크게 문제를 일으키지 않는 단속적 노동자들의 어려움을 풀어 감으로써 이 사회의 체질을 바꿀 수 있을지도 모른다. 뛰어난 능력을 가진 청년들의 성공이 사회를 견인할 수 있던 시기는 지났다. 첨단 산업이란 대부분 고용을 창출하지 않기 때문이다. 사회가 이들 엘리트 청년에게만 집중한다면 아마 허리 부분의 스프링이 늘어난 장난감 강아지처럼, 앞부분만 저만치 가버리고 마는 꼴이 되고 말 것이다.

청년층이라는 사회의 허리를 튼튼하게 하기 위해서는 승자독

식의 경쟁 논리와 경제적 교환 논리를 뛰어넘는 무조건적인 증여가 필요하다. 우치다 타츠루內田樹는 『절망의 시대를 건너는 법』에서 "공동체는 증여 한 방으로 시작된다. 일을 하는 것의 진정한 의미는 남에게 선물을 하기 위해서다"라고 이야기한 바 있다. 공동체 해체, 중력 상실, 신분제의 회귀 등 우리 모두의 삶을 팍팍하게 만든 장본인은 지금의 청년들이 아니다. "그들의 고립과 단절을 방관하거나 방치하지 않고 그들에게 필요한 지식과 기술을 전수하는 것은 연장자들의 의무"라는 우치다 타츠루의 이야기는 청년 문제 해결의 기본 전제가 되어야 한다.

여기에서 '무조건적'이라는 조건은 매우 핵심적이다. 일 잘하는 사람이어서가 아니라 그냥 사회의 구성원이기 때문에 기본적인 존중과 지원을 해주기 시작해야, 시민적 공공성을 경험할 수 있다. 일 잘하는 사람이든, 일 못하는 사람이든 살기 위해 필요한 물리적·심리적인 기본과 기반이 있다. 그 기본을 조건에 따라 제공하는 순간 그곳은 사회가 아니다. 만약 데뷔라는 기회와 경력이라는 자원이 쌓이지 않아 문제라면 사회가 만들어 줄 수도 있지 않을까. 수십 년 동안 국가가 노동자와 군인들의 피와 땀을 팔아 대기업들에게 땅 짚고 헤엄칠 수 있는 자원과 기회를 주었던 걸 생각하면 못할 것도 없지 않은가.

선물처럼 증여를 해야 하는 것은 기성세대만이 아니다. 청년들도 누군가에게 '주는' 경험을 통해 많은 것을 얻을 수 있다. 무중력 상태에서 벗어나는 가장 좋은 방법도 누군가에게 중력이 되는 경험을 하는 것이다. 미카는 유자살롱에서 윗세대로부터 선물과 같은 관심과 지원을 받아 힘을 냈고, 그 뒤 다른 무중력 후배들을 돕는 과정에서 사회에 대한 감을 키우고 신뢰를 배웠다. 윤자는 같은 세대끼리 서로 곁을 내어 주면서 안정감을 찾았다. 반면 로빈은 가족 내에서만 조건적으로 자원을 받아 왔고, 루나는 사회에서도 가정에서도 거의 받은 것이 없다. 누군가에게 주는 경험을 했다면 좀 더 빨리 회복할 수도 있었을 텐데, 경제적으로나 정서적으로 벼랑 끝에 서 있는 사람은 타인에게 아무것도 줄 수가 없다. 남을 위한 증여란 한 번이라도 자신의 배가 불러 본 뒤에야 시작할 수 있는 법이다.

유자살롱 역시 사회로부터 많은 증여를 받았다. 초반 몇 년 동안 국가로부터 받은 사회적기업 육성 자금 명목의 인건비 지원이 없었다면 시작조차 할 수 없었을 것이다. 하자센터로부터는 가치관, 철학, 교육 방법론부터 공간과 문화, 우산 효과까지 너무나 많은 것을 받았다. 그리고 그렇게 증여를 받기 위해 대단하게 실력을 증명해야 했던 적도 없다. 그 덕분에 우리 역시 유자살롱에 찾아온 아이들에게 조건 없이 증여해 줄 수 있었다.

기본소득 보장이 훌륭한 제도일 수 있는 것은 바로 이 지점 때문이다. 일정 기간 동안 생활비를 걱정하지 않을 수 있다면, 타인을 위해 일하면서 사회 속의 나 자신을 점검해 보고 사회에 대한 신뢰와 용기를 키울 수 있지 않을까. 다시 말해 기본소득의 핵심은 '사회로부터 조건 없이 받는 것'이기도 하지만 '사회로 돌려주는 경험을 할 수 있는 여유'이기도 한 것이다. 이는 공공 활동을 전제로 한 일자리와는 다르다. 시범적으로나마 '청년 기본소득'을 제공한 뒤, 개인이나 또래 집단에서 기획에 따라 자유롭게 실행하고, 기성세대는 평가가 아닌 의미화, 맥락화를 해준다면 어떨까. 그렇다면 사회적 자원의 투입이 사회화의 확산으로 연결될 수 있을 것이다.

그러면 어디에서 증여할 자원을 마련해야 할까? 정부가 빚을 내서라도 해야 할 일이지만, 청년 일자리 지원 사업에 투입되는 재원 중 실효성 없이 기성세대, 혹은 기업에 증여되는 부분을 효율화하면 쉽게 마련할 수 있지 않을까. 당사자 청년들로 기존의 일자리 사업에 대한 모니터링단을 구성해 보면 아주 쉽게 누수되는 예산을 파악할 수 있을 것이다.

굳이 경제 자본으로만 국한해서 생각할 필요는 없다. 사회 자본은 형성 과정에 자본이 투입되기는 하지만, 소모재는 아니다. 많은 경우 기회와 관계의 접점을 늘릴수록, 사회 자본은 줄지 않고 더 늘어날 수 있다. 이것은 디지털 비물질 경제의 핵심적 특징이기도 하다. 이 역시 기존의 물질 경제 틀 안에서 사고하지 않는 청년 전문가들로 실무추진단을 꾸리면 충분히 해결될 것이라 생각한다.

무엇으로부터 시작할 수 있을까

청년 문제 중 단박에 해결할 수 있는 것은 없다. 그래도 지금부터 제대로 해나가지 않으면 저절로 풀리지도 않을 것이다. 우선 기성세대가 선의의 마음만 가지고 성급하게 자원을 투입하지 않으면 좋겠다. 기성세대 주머니에서 돈을 쓰는 게 아니라 청년들의 미래 통장에서 빼서 쓰는 것 아닌가. 큰돈은 무슨 일을 하는지 확실히 알 것 같을 때만 써도 충분하다.

정책적으로 누군가를 지원할 때, 공급자와 수요자 간의 신뢰는 저절로 생겨나는 것이 아니다. 충분한 시간을 들여 마음을 살피고 나누는 것이 중요하다. 물론 도시나 국가 단위에서 대규모 사업을 할 때 시간과 마음을 고려하기는 힘들다. 그래서 어떤 문제가 드러날 때 소규모 청년 지원 단체와 당사자 조직들이 뿌리내릴 때까지 정책 단위에서 참을성 있게 기다려 주는 것이 필요하다. 간접적 지원에 집중하면서 말이다. 청년 지원 사업에만 국한되는 이야기는 아니지만, 6개월에서 1년 단위로 프로그램을 돌려보고 대상을 병리화하면서 결과물을 평가하는 방식으로는 영원히 불신만 쌓일 뿐이다.

현 정부의 기조를 보면 아마 조만간 기업의 사회공헌 담당자들도 청년층을 움켜쥐기 위해 바빠지지 않을까 싶다. 무작정 채용을 늘릴 수는 없으니 어떤 시늉이라도 하게 될 것이다. 이때 정부는 기업들이 정책의 사각지대를 파고들도록 격려해 주어야 한다. 국가 시스템으로는 지원하기 어려운 일이나 새롭고 의미 있는 일들을 기업에서는 얼마든지 지원할 수 있다. 증여라는 형식도 정부가 하면 포퓰리즘의 혐의를 받지만 기업은 비교적 자유롭게 상상해 볼 수 있을 것이다.

우리 사회의 지식인과 연구자들도 이제는 좀 더 니트와 니트를 대체할 어떤 개념에 대해 관심을 가져야 할 때가 되었다. 최소한 협의를 통해 개념 정의와 집계 기준이라도 통일이 되었으면 한다. 나아가 4차 산업혁명 같은 협소하고 논쟁적인 개념을 넘어, 탈고용 경제를 준비하는 새로운 사회적 전환 방향에 대해 함께 논의하는 자리가 만들어졌으면 한다. 답이 나오지 않더라도 기업과 시민사회, 인문과 과학 분야의 전문가들이 모여 의미 있는 질문들을 뽑아내면 어떨까. 물론 여기에도 청년 세대가 꼭 포함되어야 할 것이다.

이 모든 일의 당사자인 청년들에게 아이디어를 제공하는 차원에서 몇 가지만 적어 보려 한다. 기성 사회를 향해 '디스'*하는 것은 얼마든지 좋지만 디스가 일상이 되지는 않았으면 하는 바람이 있다. 청년 세대들끼리 '리스펙respect'하고 의미화를 해주면서 신뢰의 카르텔을 만들면 어떨까. 그리고 그것을 사회적으로 맥락화하기 위해 필요하다면 적극적으로 기성세대를 호명할 수도 있을 것이다. 그러기 위해서는 청년의 당사자성을 반영하는 학자도, 정치가도, 언론도 필요하다. 1980년대에 한겨레가 했던 것처럼 기성 사회에 당당하게 일침을 가하는 대중매

* 무례하다는 뜻의 영어 단어 'disrespect'의 준말로, 힙합 장르에서 랩을 통해 상대편을 공격하는 행위를 일컫는 말이다.

체가 있으면 어떨까. 이런 대중매체에서 실제 존재하는 삶의 다양한 선택 사항에 대해 '꼰대적이지 않은 시선으로' 소개해 준다면, 그러한 삶의 양식에 동의하는 상상적 부족들이 결집할 수 있는 효과도 생겨날 것이다.

그리고 이미 기성세대가 되어 버렸지만 아직 그 사실에 잘 적응하지 못하고 있는 40대들이, 민주화 세대와 밀레니얼 세대 사이에서 어정쩡하게 있지 말고 이제는 뭐라도 했으면 좋겠다. 그 '사이'의 정체성이 유용할 수 있는 시기이기도 하니 말이다.

: **2장**

노동 개념의 확장과 전환 산업

문명 전환기, 탈고용사회의 진로

한국에서 진로 테크트리*의 끝은 치킨집 아니면 과로사라는 말이 있다. 개인의 진로 자체가 노답 상태에 이르렀다는 뜻이다. 이런 상황이라면 답이 나오지 않는 개인의 진로보다, 사회 자체의 진로에 대해 고민하는 것이 더 효과적일 것이다. 그러면 이 사회는 어디로 가고 있을까. 이 문명은 어떻게 전환되고 있는 것일까.

최소한 고용사회가 저물어 가고 있다는 사실에는 많은 사람

* 테크놀로지 트리(Technology Tree)를 나타내는 게임 용어로, 실시간 전략 게임에서 각종 유닛의 업그레이드 절차를 뜻한다. 수형도(tree diagram)와 비슷한 뜻으로 쓰인다.

들이 이론적, 심정적으로 동의하고 있는 것 같다. 지난 시대의 기술 혁신이 한편에서 고용을 축소하더라도 다른 한편에서 고용이 증대하는 성격이었다면, 현재의 기술 혁신은 근본적으로 고용이 필요하지 않은 방식으로 변화하고 있기 때문이다. 이러한 탈고용화 경향이 고용사회에 익숙해진 사람들에게는 엄청난 불안감을 가져다주기도 하지만, 사실상 고용사회라는 시스템은 헨리 포드의 생산 혁신 이후 100년밖에 되지 않았다고 볼 수도 있다(이민주, 2015). 특히 한국 사회에서 고용이 일반화된 것은 길게 잡아야 1960년대 산업화 이후이다. 완전 고용에 가까운 상황이 1980~1990년대에 이어졌지만 젠더 관점에서 생각해 보면 그때에도 '일자리'에 속하지 않은 수많은 여성들의 다양한 노동이 사회를 떠받치고 있었다.

'탈고용 경제 체제'라고 할 만한, 새롭게 도래하는 사회에서는 자원을 분배하는 핵심 원리가 고용 노동에서 다른 것으로 움직일 것이다. 점점 더 많은 사람들이 임금 노동이나 농업 생산 등을 통해 생계를 해결하지 못하는 상황 속에서 이제는 생산이 아닌 분배가 핵심이 되어야 한다는 제임스 퍼거슨James Fergusson의 논의처럼 말이다(퍼거슨, 2017). 하지만 관성이란 무섭다. 특히 한국의 고용 혁명은 전쟁 직후의 절대 빈곤을 탈출하는 계기였기 때문에 더욱더 사람들에게 깊이 각인되었다. 그래서 새로운 사회를 꿈꾸기보다는 기존의 시스템을 지키려는 욕구가 강할 수도 있다. 물론 현재의 고용사회를 안정화시킬 수 있다면

마다할 필요가 없다. 하지만 이미 청년들에게는 고용 중심 경제 체제가 부서져 버린 것이나 다름없다. 그렇다면 완전히 다른 상상을 시작해야만 하는 것이 아닐까.

비유하자면 50년 전쯤 한국 사회는 국가가 기획하여 경제 성장이라는 우주선을 만들었다. 그리고 국민 모두가 하늘 높이 오를 수 있는 추진 로켓을 만들기 위해 엄청난 애를 썼다. 이 추진력은 냉전 체제에서 미국과의 관계, 패스트팔로어fast follower 전략 등 포지셔닝으로부터 나오기도 했다. 하지만 실질적으로는 세계 경제에서 상대적으로 낮은 임금의 노동력과 조작된 내수 경제 운용, 즉 국내 노동자들의 희생에 기반을 두었다. 당시만 해도 이 희생이 '선성장 후분배'라는 국가적 기획하에 지배-피지배 계급이 암묵적으로 합의한 공모 관계로 해석될 여지가 있었다. 하지만 IMF 경제 위기 이후 각자도생 사회로 돌입하면서 이 공모 관계는 일방적이고 노골적인 폭력으로 바뀌고 말았다. 지배 이념과 실재 사이의 격차가 지나치게 벌어진 것이다. 따라서 이 시점부터 추진 로켓의 연료는 무력화되었다고 보는 것이 맞다.

문제는 연료가 바닥났다는 사실을 누구도 인정하지 않는다는 점이다. 눈 딱 감고 조금만 더 노동자를 착취하자는 우파나, 분배를 조금만 제대로 하면 계속해서 잘살 수 있다는 중도우파나 눈 가리고 아웅 하기는 마찬가지다. 추진 연료가 바닥난 마당에 이대로 가면 머지않아 한국 사회는 그대로 수직 낙하할 것이 뻔

하다. 지금 고민해야 할 것은 어떻게 몇 년 더 상승을 지속하느냐가 아니라, 수직 낙하를 피하고 활강 모드로 전환하기 위해 어떤 방법이 필요하느냐다.

그렇다고 지금 우리에게 에너지가 전혀 없는 것은 아니다. 정점에 이르렀기 때문에 운동 에너지는 제로에 가까워졌지만, 그동안 소비한 연료는 위치 에너지로 전환되어 있다. 그렇기에 롤러코스터 정상에 멈춰 선 것처럼 불안하긴 하지만, 아무것도 할 수 없다는 느낌 역시 착각일 수 있다. 지금은 그동안 가속을 위해 접어 놓았던 가변 날개를 쭉 펴고 속도를 줄이며 어느 곳을 향해 활강을 시작할지 고민할 때다.

아무도 겪어 보지 못한 이 새로운 활강의 시기에는, 전환을 경험한 사람들만이 가이드 역할을 수행할 수 있을 것이다. 자의건 타의건 간에 최소한 한 번 이상 로켓을 멈추고 자신의 삶을 다른 형태로 전환해 본 사람들 말이다. 압력밥솥 같은 서울을 무작정 떠나는 사람, 전문 영역을 버리고 새롭게 시작하는 사람, 영리에서 비영리 영역으로 넘어오는 사람 등 이미 전환의 전문가들은 여기저기에 존재한다. 그리고 어쩌면 비노동-비활동 니트 상태를 경험한 사람들 역시 비슷한 감각을 지니고 있을지도 모른다. 아직까지 한국 사회에서는 '천천히 살고 싶다'는 것이 마치 특정한 라이프 스타일처럼 소비되고 있다. 하지만 이것은 윤리나 스타일이 아닌 전략의 문제다. 무리해서 로켓을 물태우는 것이 아니라 함께 날개를 펴고 활강하는 것, 이것이 사회적으로 택할 수밖에 없는 전략이 되었다.

그럼 이 활강의 시기에는 구체적으로 무엇을 할 수 있을까? 하나는 사회적으로 인정받는 '틈새 시기'를 갖는 것이고, 다른 하나는 문명의 거대한 전환으로부터 '신산업'을 일으킬 규모의 새로운 에너지를 얻는 것이다.

틈새 시기: 생애의 시퀀스를 상상해 보는 시공간

현재와 같은 전환과 이행의 시기에는 길을 찾는 감각과 포기하지 않는 끈기가 가장 중요해진다. 보통 '길을 찾는다'는 비유를 하면 우리는 땅 위의 길을 떠올린다. 하지만 앞으로의 청년들은 육로가 아닌 물 위에서 길을 찾아야 할지도 모른다. 땅 위와 물 위의 길 찾기는 완전히 다르다. 물 위에서는 앞서 간 사람들의 흔적을 찾을 수도 없고, 배를 타도 배가 언제 가라앉지 않을까 걱정해야 한다. 이처럼 스스로 지속적으로 변화하고 탈바꿈해야 하는 사회에서, '잘 이행하는 훈련'은 직업 역량을 넘어서 생존 역량이 된다. 그렇다면 청년들에게 기존 사회의 거짓 중력에서 벗어나 진짜로 자신을 끌어당기는 중력을 찾아가 보는 시간을 주면 어떨까? 그동안은 쪼개진 시간이 노동과 정체성을 파편화해 왔지만, 이를 역이용하면 그 시간을 자기 통합을 위한 생애 서사를 기획할 수 있는 기회로 바꿀 수도 있을 것이다.

1990년대에는 여유가 있거나 욕구가 뚜렷한 청년들만 자아를 찾아 나섰지만, '미학화된 경제'의 시대에는 모든 노동력이

'자아 찾기'를 강요당한다. 그 과정에서 경제 자본이나 신뢰 자본 등 자원이 충분하지 않은 청년들은 도태에 대한 공포 때문에 자신을 몰아붙이다가 금세 소진된다. 이행기에 필요한 시간의 틈과 여유를 갖지 못했기 때문이다. 최소한의 안전망이 없는 상태에서 이행의 시간을 긍정적으로 의미화하는 것은 쉽지 않다.

이쯤 되면 모든 청(소)년들이 진로 이행기를 잘 보낼 수 있도록 도와주자는 사회적 합의가 필요하지 않을까. 스트레스나 압박으로부터 잠시 떠나 자신을 사회 속에 위치시켜 보는 시간을 사회가 적극적으로 인정하고, 보호해 주는 것 말이다. 예를 들어, 간헐적 니트 상태를 일종의 틈새 시기로 바라보는 사회적 인식이 생기고 실업수당 등 기본적인 안전망이 보장되기만 하여도, 이들이 제도 밖으로 튕겨져 나가는 일은 줄어들 것이다.

니트 상태의 개인이나 청년만을 위한 특별한 정책을 만들자는 것은 아니다. 보다 보편적인 지원 방법론을 말하는 것이다. 한국의 10대가 세상을 노답이라 생각하는 이유는 20대가 불행해 보이기 때문이다. 불행과 불안은 50대, 40대, 30대로 사슬을 타고 내려온다. 불행과 불안의 고리를 끊고 다른 방향으로 전환하려는 사람들, 자기 자리에서 옴짝달싹 못하지만 불안감을 떨쳐 버리고 싶은 사람들 모두를 위한 방법이 존재해야 한다.

이미 북유럽을 비롯한 선진국에서는 '전환 학교transition school', '전환 학년transition year' 또는 '갭이어gap year'라는 개념이 보편화되었다. 복잡한 세상을 살아갈 청소년과 청년들이 일반 학제 과정을 통해서만 진로와 인생을 탐색한다는 것이 불가능함을 깨닫고, 학교 밖 사회를 제도와 연결시켜서 안전하게 이행기를 보낼 수 있도록 국가와 사회가 지원하는 것이다. 이러한 이행기 프로그램 중에서는 덴마크의 폴케호이스콜레folkehojskole처럼 나이 제한이 없는, 성인을 위한 학교들도 있다. 이런 프로그램들을 일컫는 우리말이 없으니 일단은 '틈새 시기gap period'라고 해두자.

틈새 시기가 필요한 건 청소년이나 청년만은 아니다. 첫 취업을 앞두거나 중간 관리자로 승진하는 시기, 출산과 육아 휴직 전후, 창업이나 은퇴를 앞둔 때 등 인생에는 여러 이행기가 있다. 이때 다음 단계로 잘 이행하기 위해서는 급커브를 돌 때처럼 속도를 줄여야 중심을 잡을 수 있다. 기존의 리듬대로 전진하다가 이행에 실패하는 경우도 적지 않기 때문에 이런 성공적 이행을 위한 틈새 시기가 필요한 것이다. 그리고 그 시공간은 공공이 제공하고 공공이 참여하는 공적인 것이어야 한다. 많은 사람들이 결핍을 느끼는 부분은 결국 자신의 삶을 이어 나갈 수 있게 하는 사회의 중력이다. 개인적 노력이나 사적인 서비스만으로는 그 중력을 온전히 찾아갈 수 없다.

이행과 전환에 대해 이 글에서 말하려는 바를 간단히 정리해 보자면, 이행기는 생애 주기 속에서 자연스럽게 '다음' 단계로 넘어가는 시기를 의미하고, 전환기는 그런 주기와 상관없이 특별한 계기에 의해 삶을 '다른' 방향으로 변화시키기 위해 갖는 기간을 뜻한다. 물론 이행기에 전환하려는 경우가 많고 전환을 통해 이행을 이뤄 내기도 하기 때문에 둘을 엄격하게 구분하기 어려운 측면도 있다.

이행기와 전환기에 틈새 시기를 갖는 문화가 확산되어야 한다고 생각하는 이유는, 니트 상태의 청소년과 청년을 지원하면서 가졌던 구체적인 경험 때문이기도 하다. 유유자적 프로젝트에 참여한 친구들은 대부분 삶의 이행기에서 길을 잃고 비자발적으로 고립-무위의 상황에 빠졌지만, 그 비어 있는 시공간을 통해 스스로를 긍정적으로 전환시키기도 했다. 이들의 변화에서 가장 중요한 요소는 사회적 신뢰였다. 좀 더 풀어서 말하면 자신을 믿어 주는 사람들의 존재를 경험하고, 자신이 존중할 수 있는 참조 집단을 찾을 수 있도록 돕고, 자신이 있는 그대로 설 수 있는 구체적이거나 추상적인 장소를 제공하는 것이다.

시간의 틈을 통해 자신의 틈을 되돌아보는 것은 스스로의 삶에 통일성을 부여하는 기회가 된다. 통일성이란 다시 말하면 자신의 생애를 '말이 되도록' 기획한다는 의미이다. 이는 기본적으로 파편화된 사회 속에서 분열된 자아를 하나로 모으고 싶어 하는, 매우 보편적이고 강렬한 욕망이다. 아마 지금 이 책을 쓰는 행위도 궁극적으로는 나 자신의 분열을 극복하려는 노력이자, 한편으로는 사회와 하나가 되고 싶은 마음의 표현일 것이다.

그런데 파편화에 대항한다고 해서 근대적인 의미의 단단한 주체가 만들어지기는 힘들다. 선형적 생애 서사가 불가능해진 상황이지만, 생애의 시퀀스라도 만들어 가는 연습을 해야 하지 않을까. 시퀀스는 컴퓨터를 이용한 음악 만들기에 사용되는 용어인데, 비유하자면 예술가, 기업가, 돌봄 제공자, 공공 활동가 등의 동기가 되는 부분을 만들어 놓고 필요에 따라 비중과 순서를 선택해서 하나의 노래로 만드는 연습을 해보자는 것이다.

또 한 가지 중요한 것은 느슨한 연대weak tie를 경험하는 것이다. 과압력, 고밀도의 빽빽한 관계에만 익숙해져 있는 한국인들은 좀 더 느슨한 연대에 익숙해질 필요가 있다. 조한혜정은 『노오력의 배신』에서, "전환을 위한 시공간이란 우연한 만남들을 통해 삶이 이루어지는 시공간이며, 존중의 경험과 사회적 유대감을 쌓을 수 있는 동료를 만드는 경험이 틈새 시기의 핵심"이라고 말한 바 있다. 이러한 틈새 시기가 사회적으로 존재를 인정받는 통과 의례가 된다면, 개인에서 사회로의 이행에 큰 도움을 줄 수 있을 것이다.

마지막으로 여기서 틈새는 두 가지 의미를 지닌다. 과거와 미래 사이의 이행, 즉 과압력에서 빠져나오는 틈gap을 말하기도 하지만, 아직까지 발견되지 않은 기회의 틈새niche를 지칭하기도 한다. 압력밥솥 같은 사회에서 조금이라도 숨통을 틔우고 싶은 사람들의 욕망으로부터 전환 산업의 틈새가 보인다.

신성장 동력으로서의 전환 산업

최근에 많은 인기를 모았던 JTBC의 예능 프로그램 〈효리네 민박〉 이야기를 꺼내 보도록 하자. 주인공인 이효리는 여러모로 전환의 아이콘이 되었다. 그는 연예인으로서 정점에 있을 때 갑자기 제주도로 이주하여 기타리스트 이상순과 결혼했다. '쎈 언니'의 대명사가 요가로 평화를 찾았다. 이것만으로 호기심을 끌 수는 있어도 사람들의 공감을 사지는 못했을 것이다. 리얼 예능이라는 형식에 힘입어, 시청자들은 효리가 많은 것을 버리고 새로 얻은 것들의 효용에 빠져들기 시작했다. 여유가 촘촘히 박힌 생활, 남들에게는 몰라도 본인에게는 너무 괜찮은 남편, 자기 몸에 대한 높은 수준의 관리. 거기에 16세부터 지금까지 쉼 없이 일하고 있는 후배 가수 아이유가 효리를 올려다보는 시선이, 시청자들로 하여금 감정을 이입할 수 있는 입구가 되어 주었다. 실제로는 간헐적 니트의 삶이지만 게스트하우스라는 일거리를 마련해 놓음으로써 감정적 거리를 좁혀 주기도 했다. 이러한 여러 장치 덕에 아마도 사람들은 안전한 위치에서 이효리의 삶을 바라보며 타율 노동과 자율 노동 사이의 균형을 맞추고 싶어 하는 자신을 발견하게 되었을 것이다.

아직까지 대부분의 사람들은 타율적인 임금 노동 없이 생존이 가능하지 않다. 하지만 임금 노동만으로 살 수 있는 시대도 저물어 가고 있다. 실존적 생존과 존재론적 생존이 모두 필요한 시대이다. 그러다 보니 임금 노동의 과압력에 조금이라도 틈을 내지 않으면 숨 막혀 죽을 것만 같은 사람들이 생각보다 많아진 것이 아닐까.

개인과 사회의 재생산을 위해서는 임금 노동뿐 아니라 생활 속에서 협력적으로 유유자적 하는 기술도 전수되어야 한다. 어쩌면 〈효리네 민박〉은 많은 사람들의 머릿속에 담겨 있는 바로 그 지점을 자극한 것일 수도 있다. 경제적 관점에서 보아도, 앞으로 일의 기회는 기존에 존재하는 일의 바깥에서 나올 것이다. 고용사회의 한계를 넘어서려면, 여가의 재창조를 통해 일자리가 아닌 살자리와 놀자리를 늘려야 한다. 기존 일의 범주 내에서 일자리를 늘리는 것이 아니라 이처럼 새로운 개념의 일을 발굴하기 위해서는, 기존 일의 방식을 넘어서는 창의적인 발상과 접근에 익숙해질 수 있는 기회와 시간이 필요하다.

산업화 시대에는 생산성을 높이는 것이 관건이었지만, 지금은 생산성이 낮아서가 아니라 높아서 문제인 시대다. 생산성 과잉으로 인한 일자리 소멸에 가장 온건하고 즉각적으로 대응하는 방법은 유효 수요를 찾는 것이다. 이런 관점에서 틈새 시기는 사회와 경제의 틈새를 발견하는 기회로 이용될 수도 있다. 일자리 소멸이 다가오는 시점에서, n개의 욕망에 대응하는 n개의 일거리가 생겨나야만 우리가 알고 있는 경제가 유지될 것이므로, 시장주의적으로 얘기하자면 우리는 더 '다양하게' 욕망해야 한다. 물론 우리가 발견해야 할 일거리는 시장, 즉 영리 영역에만 있는 것이 아니다. 사회적경제로 알려진 영역을 포함해서, 어쩌면 사회 곳곳의 틈새를 채우는 새로운 공공적 일거리(좁은 의미의 공공 일자리가 아닌)를 발견하는 것만이 이 사회의 경제를 지속 가능하게 만드는 일일지도 모른다. 상승에서 활강으로 바뀌는 문명의 거대한 전환을 통해 새로운 산업적 에너지를 얻는다는 것이 바로 이런 의미다.

소위 산업혁명이라 일컬어질 만큼 커다란 전환기에는 기술 발전과 문화적 변화가 함께 진행되었다. 생산력의 발전은 새로운 소비 시장의 등장과 맞물려야 성공적일 수 있기 때문이다. 3차 산업혁명 이후 진행된 비물질화, 가상화 기술은 인간 문명의 대부분을 가상 세계로 이동시켰다. 그리고 이제는 가상 세계를 매개로 일어나는 소비 행위가 전체 경제에서 큰 비중을 차지하게 되었다. 그리고 이러한 전환은 단순히 기업 대 소비자 간 거래B2C뿐만 아니라 기업 간 거래B2B, 기업 대 정부 간 거래B2G까지 새로운 산업 영역을 만들어 낸다. 인터넷 등의 가상 세계를 구축하기 시작하면서 통신과 데이터 인프라 산업이 발전하고, 기후 변화에 대처하면서 대안 에너지 산업이 열리기 시작한 것처럼 말이다. 만약 한 사회가 전체적으로 속도와 압력을 10퍼센트 줄이기로 결정한다면, 그 결정을 실행하기 위한 인프라를 만들기 위해 수많은 산업들이 생길 것이다. 나는 이를 전환 산업이라 부른다.

이미 사적인 영역에서 그 산업은 꾸준히 팽창하고 있다. 사회가 속도를 줄이기로 결정한 적은 없지만 벌써 경제성장의 속도는 줄어들고 있기 때문이다. '이대로는 못 살겠다'는 사람들이 많아질수록, 그들을 수요로 삼는 기업들도 생겨난다. 작게는 이직을 돕는 교육 기관부터 크게는 전환하고자 하는 사람들의 욕구를 대리 만족시켜 주는 각종 슬로우 산업이 늘어날 것이다. 작은 책방이나 책 읽기 모임, 각종 강좌형 아카데미들이 좋은 예다. 하지만 지금의 전환 산업은 개인들의 전환에 대한 압박감과 불안을 사적으로 해결한다는 한계를 갖고 있다. 이 한계를 넘어 개인의 전환이 사회적 전환과 맞물리기 위해서는 공공적 목표를 가지고 이 욕구로부터 산업적 규모가 나올 수 있도록 광범위하게 사유하는 기획이 필요하다. 물론 실천은 작은 단위에서 일어나겠지만, 그 단위들이 고립되지 않도록 연결하고 관리하는 역할이 필요하다.

외국의 많은 커뮤니티 센터처럼, 민간과 공공에서 만드는 전환 센터가 곳곳에 생긴다면 어떨까. 그 센터들이 각 지역을 연결하는 유통 센터처럼 기능할 수도 있을 것이다. 청년들에게는 사회 자본으로 기능할 수 있는 시공간을 제공하거나, 착취형 일바가 아닌 0단계 창직創職, job creation 경험을 제공함으로써 사회적 데뷔를 도울 수도 있다. 이미 서울시가 실행하고 있는 청년수당을 틈새 시기의 보편화를 위해 확장하거나, 무중력지대와 같은 각종 청년 공간들을 지역형 청년 전환 센터로 개념화할 수도 있을 것이다.

고용에 종속된 교육과 훈련은 이제 의미가 없다. 청년층의 역량을 지원하는 일에는 사회와의 관계를 경험하도록 돕겠다는 의도가 기본에 깔려야 한다. 그 관계의 핵심은 자신과 타인에 대한 신뢰다. 신뢰에는 타인이 선물처럼 주어야 하는 외적 신뢰가 있고, 나와 세상의 요구를 맞춰 봄으로써 쌓이는 내적 신뢰가 있다. 그리고 이 신뢰는 일상에서의 경험이 세계의 원리와 맞게 돌아간다는 경험, 즉 구체와 추상을 오가면서 축적된다. 그 신뢰가 쌓이고 쌓여 용기가 될 때, 비로소 사람은 다음 단계로 나아갈 수 있다. 전환 센터에서 개인에게 줄 수 있는 것은 그런 사회적 용기일 것이다.

지각이 변동해서 길이 다 황폐화 되었다면, 사회가 새로운 길을 상상하고 만들어 가야 한다. 그것을 일과 삶의 모델이라 할 수 있다. 예를 들어 스웨덴은 1970년대 출산율이 급락하고 경제 성장이 둔화되던 시기, 양성 평등 정책을 강력히 추진하면서 사회가 급변했다. 그 핵심은 '이중 소득-이중 커리어 가족 모델'의 도입이었다.* 이를 통해 스웨덴은 출산율을 높이고 사회 통합을 이루었다.

아직도 한국 사회를 지배하는 것은 '가장-돌봄 제공자 분리 모델breadwinner-caregiver model'이다. 남성과 여성에게 특정 역할을 강요하는 것도 문제이지만, 3~4인 가족을 전제로 하는 이 모델은 비혼자, 1인 가구에는 맞지 않는다. 많은 경우 이에 대한 대안으로 '일-생활 양립 모델work-life balance model'을 제시하지

* "경단녀를 줄여라. 스웨덴 성공 비결은 '아버지 의무 육아휴가제'", 조선비즈, 2017.10.09.

'천천히 가도 즐거워' ⓒ 손나린

안전한 곳이라는 느낌을 주지만
지나치게 안정적인 곳은 되지 않으려 했다.
바깥 사회에서 느낄 수 있는 갈등을 조금씩 경험하도록 한 것이다.
수영장의 안전 요원처럼,
스태프들은 조용히 지켜보다가 갈등이 심화될 때만
개입하면 됐다.

만, 대부분의 경우 '일-가정 양립'으로 번역되는 것을 보면 여전히 이성애적 가족을 전제로 하며 공식 노동 영역에서 일과 돌봄 노동을 분리해서 보는 인상을 지울 수 없다. 10년 후, 20년 후를 생각한다면 일과 삶의 분리를 넘어선, 능동적 일-생활 통합 모델active work-life convergence model이 필요하지 않을까. 구체적으로 어떤 것일지는 아직 알 수 없다. 하지만 개인이 타율적 임금 노동과 자율 노동, 자활 노동의 비율을 외부의 강요에 의해서가 아니라 스스로 선택할 수 있는 모델이 가능해진다면 보다 많은 사람들이 무리하지 않고 살아갈 수 있을 것이다.

사실 청년들 중에는 이미 대안적 삶의 양식을 만들어 가고 있는 사람들이 있다. 청년 공동주거 커뮤니티인 '우리동네사람들(우동사)'은 일에 치인 20~30대 직장인들이 모여 고민을 나누다 일과 삶에 대한 새로운 실천을 하는 코뮌Commune으로 성장하게 되었다. 투자회사를 다니다 행복이 뭘까 하는 생각에 불교대학에 입학한 사람, 거대 미디어 기업에서 일하다가 동료의 자살을 계기로 다시는 그쪽 일을 하지 않겠다고 결심한 사람 등 자기 삶을 전환하려는 사람들이 모여 청년 커뮤니티를 만든 것이다. 모여 산 지 6년, 주거가 안정되면서 생활비가 줄자 돈 벌려고 억지로 일할 필요가 없어졌다. 덕분에 하고 싶은 일 하면서 살 수 있는 여유가 생겨 직장인 7명을 제외한 20여 명은 시간에 얽매이지 않고 디자이너, 목수, 비영리 단체 활동가, 정당 활동가, 소설가, 영화배우 등 다양한 일을 하며 산다. 이들은 쉐어하우스나 커뮤니티 펍pub 등을 통해 안심되는 실험 공동체를 만들어 소비를 줄이면서도 삶의 질을 높이는 모델을 실현해 나가고 있다.*

노동이 존재의 이유가 되지 않는 사회를 위해

이제는 너무나도 오염되어 제대로 된 개념이 될 수 없는 '니트'라는 단어를 버릴 때가 왔다. 집필 초기에 대학원 동기 규호와 니트에 대해 이야기를 나누다가 'EET', 즉 고용과 교육, 직업훈련Employment, Education or Training의 기반이 모두 무너지고 있는 이 사회에서 굳이 NEET를 따로 이야기할 필요가 있을까 하는 결론을 내린 적이 있다. 모두가 'Not in EET'가 되어가는 판국에 더 이상 기능할 수 없는 '산업시대적 EET'만을 중심에 놓고 생각하다 보면, 총체적 전환을 통해 이 사회가 다음 단계로 이행할 수 있는 마지막 기회를 놓치게 될지도 모른다. 최소한 지금까지처럼 니트를 배제적인 시선으로 바라보기보다, 차라리 그들의 존재를 통해 노동과 비노동 사이의 양극화를 해결하려 노력하는 편이 훨씬 더 생산적이다. 만약 비노동사회, 무업사회로 우리가 이동하고 있다는 사실을 인정하기가 힘들다면, 최소한 니트라는 사람이 존재하는 것이 아니라 니트 상태만이 있을 뿐이라는 사실이라도 이 사회가 받아들이길 바란다.

---

* "모여 사니 든든하다…소비는 줄이고 삶의 질은 높이고", 한국일보, 2017.05.12.

이 책을 준비하면서 '노오력의 배신' 연구팀(엄기호, 최은주, 양기민, 강정석)과 이야기하던 중에 우리는 아래와 같은 공감대를 형성하게 되었다. 이제 우리 모두는 '노동이 존재의 이유라는 대전제'로부터 벗어나야만 한다. 내 노동이 나의 정체성을 설명해 주고 나의 가치를 보증한다는 생각은 지나간 시대의 덧없는 욕망이 되었다. 노동하지 않더라도 존재의 이유가 있다는, 살아 있는 모든 사람에게 존재의 가치가 있다는 인식의 전환이 필요하다. 비노동 상태에 대한 공포와 혐오, 즉 비노동 공포증 역시 버려야 한다. 존재의 의의와 가치가 노동이 아니라, 존재 그 자체일 수 있는 시대를 만들어 가야 할 때가 온 것이다. 일하지 않는(못 하는) 자는 사회의 일원이 될 가치가 없다고 생각하는 풍조를, 지금 바꾸지 않으면 안 된다. 그래야만 다가오는 무업사회에서 우리 모두의 존엄을 지킬 수 있다. 이와 관련해서 『노동 없는 미래』의 저자 팀 던롭Tim Dunlop은 아래와 같은 화두를 던졌다.

"기술이 직업을 잃게 하고 불안정한 고용이 늘어난다. 이런 세상에서 사회에 참여하려면 반드시 직업을 가질 수밖에 없다고 생각하는 것은 점점 가당찮은 일이 되어 가고 있다. 지금 우리가 가진 일의 윤리를 계속 유지한다는 것은 시대에 뒤떨어지는 것일 뿐만 아니라 잔인한 것이다. (여기서 말하는 일의 윤리란, 체면과 도덕적 청렴성을 획득하는 것을 직업을 갖는 것과 동일시하는 것을 뜻한다.) 기본소득 같은 제도는 우리가 '노동'에 가치를 부여하는 것과 같은 방식으로 '일'에 대해 가치를 매길 수 있게 해줄 것이다."*

얼마 전 28세의 한 청년으로부터 "고독사하지 않는 것이 꿈"이라는 이야기를 들은 적이 있다. 웃자고 하는 말이 아니라, 친구들이 모이면 진지하게 그런 이야기를 한다는 것이다. 사회 초년생들이 세상을 이렇게 바라본다는 것이 슬프지만 현실이 그렇다. 축적된 부의 양에 따라 불안의 크기가 다를 뿐 사실 모든 세대가 고군분투하며 독존 중이다. 일생에 필요한 자원을 30~40년간의 근로를 통해 마련할 수 있던 시대는 지났다. 전통적 성장과 분배의 기제는 이미 제대로 기능하지 않고 있다. 일자리 나누기든 기본소득 보장이든, 새로운 시대에 맞는 방법을 고민해야 하는 시기가 온 것이다. 이런 세상에서 기성세대들은, 청년들에게 금세 나아질 수 있다고 뻔한 사기를 치기보다 같이 시간을 견뎌 보자고 손을 내밀어 주어야 할 것이다.

이대로 내버려 둔다면, 대다수 청년의 미래는 니트가 될 것이다. 그런 사회에는 미래가 없다. 근로와 실업, 노동과 비노동의 이분법으로부터 벗어나는 어떤 상상을 하지 않으면, 앞으로 닥쳐올 거대한 무중력의 쓰나미를 피해 갈 수 없다. 일의 범위를

---

* "로봇에 세금 물리고 기본소득 도입하자", 한겨레, 2017.02.06.

넓히고, 일의 문턱을 낮추고, 일을 나누는 등 사회가 취할 수 있는 방법은 많다. 결단과 의지가 없을 뿐이다.

그 결단과 의지로 만들어 낼 수 있는 가장 거대한 전환은 사회 구성원이라면 누구나 광의의 노동 또는 활동을 할 수 있도록 보장해 주는 일이다. 경제적 가치가 적은 일이더라도 말이다. 이를 통해 우리는 임금 노동의 개념 외에 의미 있고 생기 있는 활동을 담을 그릇이 없는 낡고 부끄러운 사회로부터 벗어날 수 있을 것이다. 비슷한 맥락에서 조한혜정은 "청년들이 공공적 시민이 될 수 있는 공간과 활동 수당을 주자"고 주장한다. 청년들이 자발적이고 창의적인 공화국의 시민으로, 동네의 주민으로, 정서적 공동체를 이루어 자기 삶을 활기차게 살아갈 수 있도록 돕자는 것이다.*

다시 말하지만 고립-무위형 니트 중에서도 일하지 않으려 하는 사람은 거의 없다. 그들은 단지 평균적인 노동이 자신과 맞지 않거나 일터에서 당연시되는 갈등과 스트레스를 견딜 수 없다고 생각하면서 머뭇거리는 것이다. 그렇다면 노동 개념을 더 넓게 확장하여, 좀 더 다양한 일을 인정해 주면 되지 않을까. 비노동과 노동 사이의 많은 활동들을 사회적으로 인정해 주고, 삶의 이행 과정에서 비노동-비활성화하지 않도록 지켜봐 주고, 괜찮다고 이야기해 줄 수 있는 어떤 종류의 문화, 자원, 장소, 그

* 조한혜정, "청년시민에게 작업장과 활동 수당을", 한겨레, 2017.07.04.

룹 등을 만들 수는 없을까. 어쩌면 이러한 것들이 새로운 공공적 일자리, 혹은 전환 산업을 낳을지도 모른다. 이런 의미에서 니트는 시쳇말로 '대박'이고, '미래 산업'이다. 니트는 분명 청년의, 아니 우리 모두의 미래가 될 것이다. 문명 이행기에 우리가 적절하게 전환하지 못한다면 말이다.

: 대담

일 못하는 사람, 잉여, 그리고 니트들을 위한 변론

사회

이충한
(아키)

토론

여정훈
('일 못하는 사람 유니온' 페이스북 그룹 전 운영자, 『일 못하는 사람 유니온』 공동 저자)

이엉통
(문화연구자, 『사표의 이유』 저자)

최태섭
(문화비평가, 『잉여사회』 저자, 『열정은 어떻게 노동이 되는가』 공동 저자)

책의 초고가 완성되고 난 후, 니트 혹은 니트성이라는 화두가 청년 일반의 문제와 어떻게 연결될 수 있을지 궁금해졌다. 청년 연구자들은 이 책의 논의에 얼마만큼 공감하고 동의할 수 있을까? 호기심 반, 두려움 반으로 평소 관심 있게 지켜보던 청년 연구자들에게 작은 토론회를 제안했고, 흔쾌히 응해 준 세 사람과 함께 청년 사회적기업 '기억발전소'의 커뮤니티 공간에 모여 청년의 일과 삶에 대해 농도 짙은 이야기를 나누었다.

아키 먼저 오늘 토론에 응해 주셔서 감사드린다. 청년들의 노동에 관한 전문가들을 모셨는데, 요즘은 청년이라는 말도 노동이라는 말도 쓰기가 곤란해진 것 같다. 언젠가부터 청년이 특정한 집단으로 규정되고, 일자리가 없어 청년이 힘들다는 식으로 이야기가 되는데, 그러면 일자리가 많아지면 괜찮은 것일까. 사실은 일을 한다는 것에, 일터 자체에 문제가 있는 게 아닌가 하는 생각을 오래전부터 해왔다. 이건 심지어 니트라는 상태에 있는 사람들에게도 해당된다. 이것이 내가 니트를 설명하는 방식인데, 특정 인성 혹은 생활양식으로 니트를 바라보는 기존의 니트 개념과는 큰 차이가 있다. 그런데 왜 아무도 이런 식으로 생각하지 않는지에 대해 약간 의문을 가지고 있다. 거꾸로 말하자면 이런 주장을 했을 때 사람들이 받아들일까 하는 두려움도 있다. 그래서 여러분의 의견을 듣고 싶었다.

최태섭 2011년『열정은 어떻게 노동이 되는가』라는 책에서 '열정 노동'이라는 개념을 통해 젊은 사람들이 빠져 있는 노동의 지옥을 살펴보았다. 책을 쓸 때 내가 주목했던 것은 한국 사회에서 벌어지고 있는 노동에 대한 흥미로운 변화였다. 1990년대에 문화 산업이 처음 열렸을 때, 거기 들어가는 사람들은 자신이 좋아하는 것을 업으로 삼을 수 있다는 사실에 행복해하고 고무되었다. 당시 국가는 중공업 중심의 경제 성장이 어려워진 상황에서, 새로운 성장 동력을 찾고 있었다. 그리고 그때 주목을 받은 것이 문화 산업과 IT 분야였는데, 당시 산업 구조에서 이런 분야에 대해 알고 있었던 사람들은 암암리에 일본 하위 문화 등을 향유해 왔던 자생적 오타쿠 집단이었다. 국가는 이 오타쿠 집단과 일종의 타협을 시도하면서 '돈이 된다는 걸 보여 주면 우리가 너희의 취향을 인정하고 떠받들어 주마'라는 식으로 나왔다. 그러다가 2000년대 '리니지 대박론' 등이 뜨면서 이게 돈을 많이 벌 수 있는 길, 새로운 산업이라고 하더니 언제부턴가 '네가 좋아하는 일을 하니까 감수해야지. 우리 때는…' 하는 식으로 열정 노동의 문법들이 청년 노동을 장악하기 시작했다.

그런데 이런 열정 노동 자체가 온 사회에 강제될 수 있는 까닭은 이른바 엄청난 수의 잉여 인력, 즉 산업 예비군이 있기 때문이다. 그들이 있기에 남들은 일을 하고 싶어도 못하는데 너는 지금 이렇게 할 수 있으니까 몸 바쳐서, 온 힘을 다해서 일하라고 명령하는 것이 가능하다. 심지어 열정 노동에 대해 책을 쓴 나마저도 이런 요구를 받은 적이 있다. 결국 열정 착취가 노동의 모든 부분에 걸쳐서 일어나고 있는 것이다.

니트라는 단어에 대해서는 사실 굉장히 많은 사람들이 아직도 반감을 가지고 있고, 심지어 오타쿠 집단에서도 니트는 서로간에 욕으로 쓰인다. "그래, 내가 잉여인데 어쩌라고" 하면서, 잉여라는 말은 받아들여도, 누군가를 욕할 때는 "이런 니트 ××" 하는 식이다. 여기서 니트는 이 책에서 고립-무위형 니트라고 명명한, 일본식 니트를 뜻할 것이다.

그런데 한편으로 드는 생각이, 이 니트라는 상태가 앞으로는 노동자의 '뉴 노멀new normal'이 되지 않겠는가 하는 것이다. 노동 불안정성이 계속 증대하리라는 전망이 굉장히 확실하기 때문이다. 이미 아마존에서는 창고 관리를 로봇이, 배달을 드론이 하기 시작했다. 먼 미래가 아니라 지금 진행되고 있다는 얘기다. 그런데 이러한 신체 노동보다 더 빠르게 대체될 것이라 여겨지는 게 정신 노동, 사무 노동이다. 이미 사무자동화를 통해 잘려 나간 수많은 사람들이 있는데, 앞으로는 더 빠르게 교체될 거라고들 한다. 그러면 정규직 일자리의 절대적인 양이 증가할 가능성이 얼마나 있겠는가.

그렇다고 해서 일부 경제학자들이 주장하듯 '생산을 중심으로 한 경제로 다시 돌아가자'는 것도 사실 말이 안 된다. 지구가 가지고 있는 생태적 한계 지점이 분명히 있고, 또한 양극화가 너무 심해지면서 소비 능력 자체가 전반적으로 저하되었다. 결국 어쨌거나 노동시장에서 불안정성 자체가 계속 증가하고, 산업시대의 정규직 개념 자체가 종말을 맞이할 것이라는 생각도 든다. 따라서 니트는 앞으로 굉장히 일반적인 현상이 될 것이다. 내가 『잉여사회』를 통해 하고자 했던 주장도 이와 비슷하다.

아키 사무자동화 얘기를 들으면서, '일 못하는 사람 유니온'이 떠올랐다. 일못 유니온 페이스북 그룹으로 엄청나게 성공했는데, 어떤 의미에선 감정적인 응어리를 배출하기 위한 통로가 되기도 하지만, 사실은 거기서 한국의 노동 구조가 확 보인다. 사무자동화로 인해 사라진 계층의 바로 밑에 위치한 사람들이 위아래로 엄청난 압박을 느끼고 있다는 느낌이 든다. 회계

등 명백히 프로그램화되는 노동뿐만 아니라 굉장히 많은 업무가 자동화와 IT 네트워킹 속에서 사라지고 있고, 그 잘려 나간 노동군의 바로 밑에 있는 사람들이 그 아픔을 대신 느끼면서 상상통 같은 것을 앓고 있는 것이 아닐까, 그런 느낌이 들었다.

여정훈 맞다. 환상지 통증이라고 할 수 있다. 이것이 원래부터 자기가 갖고 있던 사지가 아닌데도 '그것이 있어야 한다'는 생각이 여전히 남아 있는 게 문제인 것 같다. 이야기를 들으면서 지금 시대는 패러다임의 이행기라는 생각을 했다. '일을 하는 사람은 이렇게 생겨 먹어야 돼'라고 스스로도 생각하지만 막상 보니 내가 그렇게 생기지 않은 거다. 집에서 키우는 강아지가 처음으로 거울을 봤을 때의 정신분열이랄까.

'일 못하는 사람'의 얘기는 사실 내 얘기였다. 나는 사무실에서 겪은 모든 것들이 '일 못함'의 문제였다. 윗사람들이 '왜 너는 이것도 못하지?'라고 하는데 나는 그 능력을 가져 본 적조차 없다. 지금의 50대와는 사회화 과정 자체가 달랐고, 우리는 일의 과정을 상상할 수 있는 능력 자체를 배양받아 본 적이 없는 것이다. 그러니까 일의 과정을 아는 사람들의 눈에는 답답해 보일 수밖에 없다. 그런데 우리가 10년 동안 이 노동을 하면 일의 과정을 알게 되느냐 하면 그렇지도 않다. 왜냐하면 예전과는 달리 모든 일들이 파편화되어 있기 때문이다. 제대로 된 노동은 이러이러하다는 사회적 고정관념이 있는데, 그런 노동은 이미 존재하지 않게 된 거다.

최태섭 그게 따지고 보면 표준 노동의 문제다. 사람들이 가령 화이트칼라 노동자 하면 대기업 정규직을, 블루칼라라고 하면 대기업 생산직을 떠올리는 것이 이 사회 노동에 대한 표준적인 생각이다. 그러나 이러한 표준은 수많은 형태들로 분화된 현재의 노동을 더 이상 대변할 수가 없다. 노동법 등 여러 가지가 아직도 국가 전체가 성장하던 시기의 노동을 표준으로 상정하고 있는데, 법에서 규정하는 노동이 현존하는 노동을 더 이상 대표할 수가 없다. 그 표준 자체에 대해 근본적인 변화가 필요한 시기가 곧 올 거라고 생각한다.

여정훈 개인의 생애사적 관점으로 보아도 많은 것이 변했다. 지금까지 우리는 대학생 때까지를 성장기로 보고, 그 이후에 직업인으로 사회적 단계가 이행된다고 보았다. 그런데 지금은 그 단계 자체가 완전히 달라지고 있기 때문에, '인간이 되어 가는 과정이 무엇인가'부터 다시 살펴봐야 하지 않나 싶다.

이영롱 아키가 이 책에서 계속해서 전체적으로 강조하는 것이 '니트는 특정한 사람, 괴물 같은 인물 유형이 아니라 어떤 상태다'라는 점인데, 그 지적이 정확하다고 생각한다. 여기서 '니트성'의 핵심은 개인들로 하여금 명확한 이유 없이 취업과 실업을 반복하게 한다는 점이다. 그런데 그것은 명백히 개인 내부가 아닌 외부에서 오는 힘에 의해서다.

연구를 하면서 여러 인터뷰 자료를 들여다보고 있는데, 최근에는 20~30대 중반 여성들의 일 경험에 대한 것들을 보고 있다. 어쩌면 사람들은 그들이 무능하다고 얘기할 거고, 그중 일부에 대해서는 니트라고 얘기할 것이다. 제대로 된 직업을 얻거나 유지하지 못 하는can't 사람들이니까. 그런데 그 사람들이 일을 안 하나? 못하나poorly? 아니다. 정말 일을 많이 하는 데도 정규직, 임시직, 계약직, 학생 등 정말 다양한 고용 방식으로 그들의 이력이 점철되어 있다. 그런데 그런 고용 방식의 구분이 이제는 크게 의미가 없다고나 할까. 정규직이라고 그 사람이 계속 거기 붙어 있을 수 있는 것이 아니지 않나. 회사 사정 때문에 잘리거나, '일 못하는' 사람으로 몰려서 내쫓기거나, 내가 쓴 책 『사표의 이유』에서처럼 다양한 이유로 밀려 나오게 된다. 그렇기 때문에 이제는 정규직과 비정규직의 차이가 큰 의미가 없다.

정규직을 지키기 위해 '영혼을 탈출시키고' 일하겠다는 결심이 있다면 최소한의 경제적인 방어막이야 될 수 있겠지만, 본질적으로 봤을 때는 노동의 질이나 개인의 삶의 질을 결정하는 데 일이 중요한 핵심 요소가 될 수 없는 사회가 되었다. 개인들은 자신이 왜 잘렸는지도 모른 채 회사 밖으로 내쳐지는 경험을 인생에서 최소한 한두 번은 겪을 수밖에 없다. 그렇게 완전히 소진된 채로 휴식이 필요해서 제주도 같은 데서 몇 달 쉬어도, 그게 통계상에는 니트 상태로 잡힌다. 이처럼 니트라는 게 한 사람의 문제가 아니라 모두가 어떤 순간에는 그런 상태로 존재할 수밖에 없는 시대라는 주장이 맞는, 그런 사회가 되어버린 것 같다.

최태섭 니트가 개인의 성향이 아닌 어떤 상태라는 것은 명백하다. 물론 그중에도 개인적인 이유로 니트가 되는 사람들이 존재한다. 그중 대다수는 가족 관계에서 기인하는 것 같다. 가령 중산층 이상의 부모는 성인이 된 자녀들까지 자신이 관리하고 싶어 하는데, 자녀들이 부모보다 못살게 된 시대에서는 중산층 부모의 영향력이 엄청 비대해질 수밖에 없는 거다. 반대로 빈곤층의 경우에는 폭력이나 방치 같은 방식으로 부정적인 관계를 맺게 된다. 하지만 이러한 가족 관계의 변화조차도 사회적인 맥락의 영향을 받는다. 즉 사회가 저성장으로 접어들고, 자식 세대가 부모보다 못살게 되고, 양극화가 심화되고, 저출산이 극단화 되는 등등의 배경 속에서 가족 관계가 재편되는 것이다.

이영롱 어쨌든 정규적이고 안정적인 모든 게 무너지고 이를 완전히 재조직해야 하는 시기에 놓였다. 이런 사회에서 사람들은 어떤 식으로 삶을 구상해 나갈까 궁금해서 여러 가지로 관찰하고 있는데, 많은 사람들이 지금 꿈꾸는 선택지 중 하나는 자신만의 콘텐츠를 만들어서 창의적인 창업을 하는 것이다. 이제

회사에 고용되는 것은 끝났으니 내가 운영할 수 있는 작은 책방, 아니면 멋지고 창의적인 술집, 그런 아이디어를 이용해 소위 팔릴 만한 콘텐츠 하나를 찾아내서 돌파해야 한다고 생각하고 있다. 생각보다 굉장히 많은 사람들이 그런 경로를 꿈꾸고 있다. 그게 나쁘다는 게 아니라, 창업을 해도 결국엔 팔아야 하는데 누가 살 것인가 하는 문제가 남는다. 스타트업, 1인 기업 등 아이디어를 가지고 창업을 하겠다고 누구나 생각해 볼 수 있다. 그런데 그렇게 해서 정말 살아남을 수 있는 사람은 극소수 아닐까? 그런데도 사람들이 그걸 유망한 대안으로 원하고 있다. 그것밖엔 돌파구가 없다고 생각하니까. 나는 사람들이 1퍼센트의 가능성을 위해서 또 다시 자기 계발을 시도하는, 예전과 조금 다른 루트의 자기 계발로 들어서는 게 아닐까 싶다.

이 창의적인 창업이라는 것은 도박일 뿐더러, 이마저 꿈의 양극화일지 모른다는 생각이 들면서 복잡해진다. 왜냐하면 그런 꿈을 꾸어 볼 수 있는 사람들은 최소한 전세라도 산다든지 약간의 여유가 있는 사람들이기 때문이다. 그렇지 않은, 그 반대편의 사람은 닥치는 대로 일하다가 10년의 세월이 간다. 알바, 임시직, 계약직으로, 3개월, 1년 6개월, 2년 했다가 안 되고, 다시 나와서 계약직, 수습 등을 거치며 시간이 계속 가는데, 이게 정말 꿈의 양극화다. 꿈을 꿀 수 있는 자와 꿈조차 꿀 수 없는 자로 다시 양극화되고 있다.

또 한 가지 주목할 점은, 직장에서 대체로 사람들이 모두 "답이 없다", "헬조선이다" 이런 얘기를 하면서도 다른 한편에서는 '자아 찾기' 같은 말도 많이 한다. 직장인들은 입사 2년째에 오춘기를 겪는다는 얘기가 있지 않나. 직장에서 자아나 일의 의미를 찾지 못해 그만두고 싶다고 하는 사람들을 많이 본다. 10대 때 찾지 못한 자아를 20~30대에도 계속 찾아야만 하는 그들의 상황을 보며 여러 생각이 든다. 원하는 것, 하고 싶은 것을 못 찾은 데에서 오는 초조함이 있기 때문에 닥치는 대로 뭐든 하는데, 항상 공허하다. 내가 정말 원하는 일, 혹은 자아를 찾지 못한 이런 상태가 20~30대까지 이어진다. 그러면 우리가 찾고 싶은 자아란, 성장이란, 일의 의미란 무엇일까? 요즘 직장인의 이런 막연한 불행, 불안, 외로움에 관한 시장이 굉장히 커지고 있고, 이 감정들을 이용하는 어떤 사람들도 있다.

여정훈 그들이 이용하는 건 하나가 더 있다고 생각한다. 바로 정치에 대한 두려움이다. 이런 외로움과 불안이 정치화되는 것, 정치적 이슈가 되는 것을 두려워하는 정서가 있다. 이건 청년의 보수화와도 연결된다. 직장 안에서 부당하거나 힘든 일이 있어도 "그냥 견뎌"라고 얘기하는 사람이 같은 청년 세대 안에도 존재한다. 나는 이것 또한 하나의 생존 방식이라고 생각한다. 일종의 보호색 전략인데, 어른들과 똑같은 색깔을 띠면서 그들로부터 혜택을 볼 수 있기를 기대하는 애니미즘적인 태도다. 그들과 똑같이 '열정', '노력'이란 말을 하면 나도 그들처럼 될 수 있을 거라고 생각하는 일종의 주술이 청년 세대 안에 퍼지고 있다. 그래서 빨갱이처럼 보이면 찍혀서 죽을 것 같은 기분, 동시에 또한 그런 주문과 주술을 통해서 보수화가 확산되는 느낌이 든다. 뉴라이트가 된 청년들, 그들도 일종의 보호 본능에 의해서 나오는 것 아닐까. 그 틈을 비집고 일터에 대한 자조적인 콘텐츠들이 힘을 얻는 게 아닌가 싶다. 이런 자아는 어떠한 사회적 훈육 과정을 거쳐서 만들어지는지 궁금하다.

이영롱 결국은 포화 상태 같은 게 아닐까. 그리고 그 속에 젖어 있는 거다. 그게 그래서 되게 슬픈 거다. 우리가 그렇게 되고 있다는 게.

아키 『노오력의 배신』 책을 함께 쓰면서 '노답 사회'라는 화두를 생각하다 보니, 사회가 청년들에게 답이 없는 답을 요구하는데, 그렇게 질문하는 행위 자체가 틀렸다는 생각이 들었다. 시험을 볼 때 나는 답을 내려고 5가지 답안 중에 열심히 고민을 하고 있는데 사실은 출제가 잘못돼서 답이 없는 것과 비슷하다. 이 사회가 요구하는 대부분의 질문이 틀린 질문, 혹은 기한이 만료된 질문이다. 그런데 우리는 계속 젊건 늙건 세상이 하는 질문과 세상의 요구에 나를 맞춰야 한다고 생각하고, 그러지 못해서 자괴감을 가진다는 거다.

이영롱 그렇게 자발적으로 맞추려는 사람도 있지만 한편으로는 괴물과 싸우다가 스스로 괴물이 되어 버리는 사람도 있다. 정말 자기가 한때 싫어하고 저항했던, 바로 그 존재가 되어 버리는 것이다. 정훈 씨가 얘기한, 생존을 위해 보호색을 띠는 사람들이 택할 수 있는 길은 두 가지 유형이 있다. 한쪽은 정말 물리적으로 그 회사를 나오는 것이고, 다른 하나는 내가 '영혼 사보타주'라고 표현했는데, 일을 하되 그저 영혼 없이 하는 거다. 직장에서는 자신이 하나의 기계라고 생각하다가 퇴근 후에 자아가 다시 나와 연동되어 재시작될 거라고 생각한다. 조금이라도 영혼을 살리면서 일할 수 있는 조건이 전혀 아니니까.

최태섭 그런데 심지어 분리하고 싶어도 분리할 수가 없다. 나는 직장에 나올 때 영혼을 집에 두고 왔는데, 일을 하다 보면 직장은 나에게 영혼을 요구한다. 너의 뭔가를 짜내서, 너의 진정한 진액을 짜내서 이걸 완성시켜 와, 이렇게 얘기를 한다. 나는 시키는 일을 하고 주는 돈을 받아 가고 싶었는데, 내가 전혀 원하지 않는 일에 대해 내가 스스로 생각하고 나를 갈아 넣어야 하는 거다. 이렇게 돼버리면 그때부터는 그야말로 진정한 탈곡이 시작된다. 몸과 영혼이 동시에 탈탈 털리는.

아키 이 시대 일터의 가장 큰 모순이 그거다. 영혼을 갖고 출근할 수가 없는데 영혼을 넣어서 일을 해야 된다고 계속 강요하고 있으니.

최태섭 성취라는 것 자체가 달라졌다. 고도성장 시대에는 내가 일을 하면 하는 대로 뭔가 되어 간다. 뭔가 되고 있는 일에 내가 끼어 있는 것일 때는 그게 동력이 된다. 반면 아무것도 안 되고 있는 게 너무 분명한 일이 자꾸 나에게 주어질 때, 그건 견디기가 힘들다. 내가 어떻게 하든지 사회는 계속해서 침몰 중이니까.

이영롱 조금 다른 방향이지만, 경제적 계급 얘기를 해보고 싶다. 내가 『사표의 이유』 책을 내고 여기저기서 들은 얘기가, 이건 결국 서울에서 명문대 나오고 대기업 다니고 그런 사람들이 할 수 있는 거 아니냐, 나랑 너무 다르다는 얘기였다. 어떤 독자분은, 자기 친구들은 지방에서 최지임금도 못 받고 택배 일 등을 하는데, 그 친구들이 자기한테 와서 어떻게 살아야 되냐고 물어보면 자기는 해줄 말이 없다고 했다. 내 책을 읽으면서 그런 친구들 생각이 많이 났다고. 그런데 그런 말을 많이 듣다 보니, 부채 의식도 들고 정말 내가 엘리트주의적이었나 생각도 하게 된다. 내 책이 모든 답을 줄 수 있다고 전혀 생각하지 않고 그럴 수 없다는 것도 잘 알지만, 그 한계를 알면서도 의식이 되는 거다.

내가 오늘 계급에 따라 선택지가 어떻게 달라지는지에 대해,

그리고 양극화에 대해 많이 이야기하는 건, 책을 내고나서 그런 생각을 많이 하게 됐기 때문이다. 계속 그런 사람들에 대해 생각하고, 예전보다 훨씬 더 그런 현상이 보인다. 앞으로 하부 계층의 계급들이 잉여사회와 니트 중심 사회로 갔을 때의 상황에 대해 훨씬 적극적으로 고민하려고 한다.

아키 나 역시 비슷한 입장이다. 고립-무위형 니트는 어느 정도 사정이 허락된 사람만 할 수 있다. 아니면 집에서 나올 수도 없을 만큼 심각한 극빈층이거나. 그래서 유예할 여유가 없음에서 기인하는 노오력형 니트와 간헐적 니트에 대해 언급하고는 있지만 인터뷰 대상자를 찾기가 힘들다. 이건 아마도 나의 계급적인 문제라고 생각한다. 그래서 빈곤 계층에 대해 열심히 연구하는 사람들을 만나 봐야겠다는 생각이 든다.

이제 마무리를 해야 할 시점이니, 이런 상황에서 어떤 일들이 가능할지에 대해 이야기해 보았으면 한다. 나는 학교에서 일터로 넘어가거나 한곳에서 다른 곳으로 넘어가는 '이행의 시기'를 적극적으로 인정하고 보호해 주는 장치가 필요하다고 본다. 다시 말해 이 사람들이 안정감을 가지고 서로 접속하면서 관계성을 잃지 않고 경험을 나눌 수 있는 시간과 장소가 필요하다. '일 못하는 사람 유니온'의 기능 중 하나도 그런 것일 수 있다. 자조적 유머를 나누는 것만으로는 한계가 있겠지만, 그마저 없다면 좀 더 빈번하게 사표를 쓰지 않았을까 싶다. 이 사람들의 이행 과정을 지켜봐 주고 괜찮다고 얘기해 줄 수 있는 문화나 장소, 혹은 그룹이나 자원이 필요하다.

이영롱 생산적인 주체가 되지 않으면 사회에 포함될 수 없다는 담론적인 압박은 아직도 남아 있다. 그것 때문에 불안이 훨씬 더 고조된다. 그래서 실업이나 니트 상태에 놓일 때 엄청나게 실존적인 불안감을 느낀다. 더 이상 '내가 쓸모 있는 존재'라는 확신을 사회에서 주지 않기 때문에 그 담론적 효과가 훨씬 더 위험하다고 생각한다. 나는 그런 의미에서 기본소득 보장 제도 같은 것이 효과적인 대안일 수 있다고 생각한다.

여정훈 요즘 우리에게 필요한 활동가가 누구인가에 대해서 고민을 한다. 기존 활동가들은 이를테면 '왜 니트들은 조직화가 되지 않는가?'라는 식으로 생각한다. 그런데 나는 이게 완전히 잘못된 접근이라고 생각한다. 왜 조직화가 되어야 하는지, 우리의 목표가 조직화를 통해서만 이룰 수 있는 것인지에 대한 질문이 먼저 있어야 한다고 생각한다. 그래서 지금 우리에게 필요한 것은 선교사적인 접근법이 아닌가 싶다. 선교사들이 다른 나라에 처음 갈 때 '내가 저기 가서 교회를 세워야지'라고 생각하면 백 퍼센트 실패한다. 그런데 '저 문화 안에서 무엇이 교회일 수 있을까?'를 먼저 생각하는 선교사는 바로 그 지점에서부터 시작할 수 있다. 그렇다면 우리는 '이 니트 사회에 어울리고, 가능한 조직은 무엇일까?'에서 시작해야 한다. 변화로 가는 첫 단계는 타 문화권으로 들어가는 선교사 마인드를 갖는 것일지도 모른다.

최태섭 아까 계급에 따른 가족 내 상황의 차이를 얘기한 것처럼, 똑같이 니트 상태여도 계급에 따라 양상이 다르다. 그래서 지원 정책에서도 각기 다른 구분 전략을 세우지 않으면 '알 거 아는 애들, 집 좀 사는 애들이 모여서 자기네들끼리 잔치 벌이는 형식'으로 끝날 수밖에 없다. 지금까지의 청년 판 자체가 사실 그런 식으로 벌어져 왔던 것처럼.

아키 참으로 도움이 많이 되는 시간이었다. 세 분의 문제의식이 앞으로 계속 논의되면서 이런 주제로 포럼을 열 수 있으면 좋겠다. 이 그룹이 중심을 잡아 가면서 다른 그룹이나 개인들을 만나는 자리도 많이 열고. 쉬운 일은 아니겠지만 오늘의 논의 속에서 서로에 대한 신뢰를 발견했으니 가능하지 않을까 싶다.

◈ 에필로그

밤 열시 반, 오늘도 집 근처 패스트푸드점 2층에 자리를 잡았습니다. 이곳에서 천 원짜리 아메리카노를 주문하면 24시간 언제나 글을 쓸 수 있습니다. 'NEET_akii_날짜'라는 이름의 파일들을 열어 놓고 여러 밤을 보냈습니다. 잠이 많아 시험공부도 자정을 넘겨 본 적이 거의 없는 저로서는 나름 '노오력'한 셈입니다.

무엇 때문에 이렇게 노오력을 하게 되었을까요. 제가 서 있는 지점에서 계속해서 목격해 온 풍경들 때문이었습니다. 목소리가 작아도, 말솜씨가 없어도 사회를 향해 외칠 수밖에 없었습니다. 마치 제방에 난 구멍을 막아 물난리로부터 마을을 구했다는 네덜란드의 소년처럼 말입니다. 그런데 왜인지 모르지만 언젠가부터 제 머릿속에서 네덜란드 소년은 '양치기 소년'과 혼종이 되어 버렸습니다. 이 '포스트모던한' 새로운 이야기 속 소년은 제방의 구멍을 막은 채 밤새 외치지만 마을 사람들은 거짓말이라 생각합니다. 제 이야기의 결말은 어떻게 될까요. 잘 모르겠습니다.

처음에는 저 자신이 구멍이었습니다. 운 좋게 대강 막고 나니, 다른 구멍들이 보였습니다. 외쳤지만 아무도 듣지 않았습니다. 양팔과 다리를 사용해서 막았습니다. 저 멀리 있는 구멍들은 안타깝지만 손쓸 수가 없습니다. 그런데 이제 제방 벽 전체에 물이 스며드는 것이 보입니다. 그래서 조금 더 애써 외칩니다. 지금, 제가 할 수 있는 일이 그것밖에 없기 때문입니다. 지금은 그것뿐입니다.

이 책을 기획하고 집필하기 시작한 2016년에는 참으로 많은 사건이 일어났습니다. 하루아침에 개성공단이 폐쇄되고, 가습기 살균제 집단 살인의 끔찍한 진실이 밝혀졌으며, 강남역과 구의역에서 죄 없는 젊은이들이 안타깝게 죽어 갔습니다. 봄에는 미세먼지가 무섭게 하늘을 덮었고, 여름에는 기후변화로 인한 이상고온이 이어지더니 급기야 가을에는 핵발전소 밀집 지역에서 지진이 났습니다. 하지만 이 모든 사건들에도 불구하고 국가는 아무 일도 하지 않았습니다. 세월호가 가라앉고 있던 그때처럼, 어떤 현상도 읽어 내지 못하고 어떤 조치도 취하지 않았으며 어떠한 갈등도 조정해 내지 못했습니다. 지속적으로 현실 도피와 유예만 일삼을 뿐 문제를 해결하거나 그로부터 배우거나 다음 단계를 준비할 생각이 추호도 없었습니다. 결국 그 '니트 국가'는 국민들에 의해 '강제 퇴거'를 당하고 말았습니다.

그렇지만 새 정부가 들어섰다고 해서 '모든 것이 제자리로 돌아간' 것은 아닌 듯합니다. 9년의 시간을 '과거' 속에 살았기 때문이죠. 새로운 세대의 사람들은 목적과 맥락을 묻습니다. 하지만 지난 세대의 사람들은 목표와 방법만을 뇌까립니다. 국가에서부터 지역사회, 큰 조직과 작은 일터까지 대부분 비슷합니다. 대다수의 기성세대가 이 작은 땅덩어리 안에서만 통하는 경쟁의 규칙들을 만들어 놓고는, 규칙이 있으니 경쟁해야 한다고 이야기합니다. '술이 마시는 게 부끄러우니 계속 술을 마셔야 한다'는 『어린왕자』 속 주정뱅이와 다름이 없음을, 그들은 알고 있을까요. 얼마 안 가 폐기될 산업주의적 목표와 방법들을 위해, 다음 세대의 사람들도 노오력해야만 하는 걸까요. 목적과 맥락도 모른 채로 말입니다.

니트라는 현상을 병리적 시각으로 바라보지 말자고 줄기차게 주장해 왔습니다만, 살고 죽는 것이 중요한 '인간'들에게 가장 쉽게 설명할 수 있는 구노는 역시 병리학 안에 있습니다. 그래서 이렇게 한번 표현해 보겠습니다. '사지가 멀쩡한데 일을 못하겠다는 병'이 사회 곳곳에 퍼지고 있습니다. 이러다가는 니트가 청년인지 청년이 니트인지 분간하지 못하게 될지도 모릅니다. 여기서 중요한 건 니트가 '병'이라 치더라도, 개인 병리가 아닌 사회 병리라는 점입니다. 우린 지금 몸속의 바이러스가 아니라, 세상의 미세먼지에 집중해야 다함께 살아남는 길을 찾을 수 있습니다. 니트 개인이 아닌, 니트적 상황을 만들어 내는 사회적 요인들이 훨씬 더 중요합니다.

다행인 점은 사람들의 인식보다 세상의 물질적 조건들이 더 빠르게 변하고 있다는 점입니다. 아니, 다행인지 불행인지 아직은 잘 모르겠습니다. 너무 빠르게 변한다면 인식이 바뀌더라도 손을 쓸 수 없을 테니까요. 답을 내기 힘들만큼 빠르고 거대한 시대의 전환 앞에 우리는 많은 질문들을 해야 할 것입니다. 그 중 하나는 이것입니다. "고용이 당연하지 않게 될 가까운 미래에, 우리는 어떻게 존재하고 생각하고 활동할 것인가?" 니트라는 상태를 통해 우린 그 질문을 시작할 수 있습니다. 우울감-고독감-무력감이 악순환하는 무중력의 버뮤다 삼각지대에 대다수의 사람들이 빠지지 않기 위해서는, 지금부터 준비해야 할 일이 많을 것입니다.

책을 쓰는 기간 동안 제가 무엇을 모르는지에 대해 조금 더 알게 되었습니다. 책을 핑계로 많은 분들과 이야기를 나눌 수 있었습니다. 그리고 신세를 갚아야 할 분들이 조금 더 늘어났습니다. 미안함은 무중력을, 고마움은 중력을 강화시킵니다. 그래서, 고맙습니다.

❖ 참고문헌

⊙ KAIST문술미래전략대학원·이민화, 2017, 『대한민국의 4차 산업혁명』, 창조경제연구회.

⊙ World Economy Forum, 2017, The Global Human Capital Report 2017.

⊙ 구도 게이·니시다 료스케, 2015, 『무업사회』, 곽유나·오오쿠사 미노루 옮김, 펜타그램.

⊙ 구마시로 도루, 2014, 『로스트 제너레이션 심리학』, 지비원 옮김, 클.

⊙ 김기헌, 2005, 니트(NEET): 일본 청년무업자의 특징과 실태, 한국노동연구원 국제노동브리프.

⊙ 김승섭, 2017, 『아픔이 길이 되려면』, 동아시아.

⊙ 김윤태, 2015, 『사회적 인간의 몰락』, 이학사.

⊙ 김일태, 2015, 『만화애니메이션사전』, 한국만화영상진흥원.

⊙ 김종욱, 최근 청년층 니트(NEET)의 특징과 변화, 월간 노동리뷰, 2017년 4월호.

⊙ 미국정신분석학회, 2002, 『정신분석용어사전』, 이재훈 외 옮김, 한국심리치료연구소.

⊙ 벡, 울리히, 2006, 『위험사회』, 홍성태 옮김, 새물결.

⊙ 부르디외, 피에르 외, 2003, 『사회자본 이론과 쟁점』, 유석춘 옮김, 그린.

⊙ 선대인, 2017, 『일의 미래, 무엇이 바뀌고 무엇이 오는가』, 인플루엔셜

⊙ 스탠딩, 가이, 2014, 『프레카리아트: 새로운 위험한 계급』, 김태호 옮김, 박종철출판사.

⊙ 엄기호, 2014, 『단속사회』, 창비.

⊙ 엄기호, 2016, 『나는 세상을 리셋하고 싶습니다』, 창비.

⊙ 엄기호·하지현, 2015, 『공부 중독』, 위고.

⊙ 우석훈·박권일, 2007, 『88만원 세대』, 레디앙.

⊙ 우치다 타츠루·오카다 도시오, 2014, 『절망의 시대를 건너는 법』, 김경원 옮김, 메멘토.

⊙ 유아사 마코토, 2009, 『빈곤에 맞서다』, 이성재 옮김, 검둥소.

⊙ 이로미 외, 2010, 청년 니트 유형과 특성에 관한 질적 연구: 구직희망자를 중심으로, 한국진로교육학회.

⊙ 이로미·박가열·정연순, 2010, 청년 니트 유형과 특성에 관한 질적 연구: 구직희망자를 중심으로, 한국진로교육학회.

⊙ 이만우, 2015, OECD 주요 국가 청년 NEET의 특징 및 시사점, 국회입법조사처 사회문화조사실.

⊙ 이민주, 2015, 『지금까지 없던 세상』, 쌤앤파커스.

⊙ 이승욱·신희경·김은산, 2012, 『대한민국 부모』, 문학동네.

⊙ 정연순 외, 2013, 2013 취업지원을 위한 청년 니트 실태조사, 한국고용정보원.

⊙ 조한혜정 외, 2016, 『노오력의 배신』, 창비.

⊙ 최태섭, 2013, 『잉여사회』, 웅진지식하우스.

⊙ 커즈와일, 레이, 2007, 『특이점이 온다』, 장시형·김명남 옮김, 김영사.

⊙ 클라크, 이안, 2001, 『지구화와 파편화』, 정헌주 옮김, 일신사.

⊙ 퍼거슨, 제임스, 2017, 『분배정치의 시대』, 조문영 옮김, 여문책.

⊙ 프롬, 에리히, 2016, 『나는 왜 무기력을 되풀이하는가』, 장혜경 옮김, 나무생각.

⊙ 하라리, 유발, 2015, 『사피엔스』, 조현옥 옮김, 김영사.

⊙ 한국경영자총협회, 2016, 2016년 신입사원 채용실태 조사.

⊙ 한국고용정보원, 2017, 2016 통계로 본 노동동향.

⊙ 한국고용정보원·청년희망재단, 2017, '청년 삶의 질 제고를 위한 정책 방안

모색 세미나' 자료집.

⊙ 한병철, 2012, 『피로사회』, 문학과지성사.

⊙ 현대경제연구원, 2013, 한국 사회의 낮은 신뢰도-중산층 회복은 '일자리 창출'로.

⊙ 후쿠시마 미노리, 2005, 포스트 청년기 세대의 형성과 성격에 관한 연구: 한일 대학원 진학자들 중심으로, 연세대학교 사회학과 대학원 박사학위 논문.

⊙ 후타가미 노우키, 2005, 『일하지 않는 사람들, 일할 수 없는 사람들』, 이성현 옮김, 홍익출판사.

"고용이 당연하지 않게 될 가까운 미래에,

우리는 어떻게 존재하고 생각하고 활동할 것인가?"

니트라는 상태를 통해

우린 그 질문을 시작할 수 있습니다.

마이너리티 리포트 ★ 02

비노동사회를 사는 청년, 니트

지은이 이충한

초판 1쇄 발행 2018년 5월 31일
초판 3쇄 발행 2023년 1월 10일

펴낸이 박형수
펴낸곳 서울연구원
편집 전말숙, 송도숙
디자인 박진범

주소 서울시 서초구 남부순환로 340길 57
전화 02-2149-1234
팩스 02-2149-1019
홈페이지 www.si.re.kr

ISBN 979-11-5700-279-5 04300 (세트) 979-11-5700-211-5